Açık Kitap

Michael LAITMAN

ISBN: 978-1-77228-098-2

© Laitman Kabbalah Publishers

YAZAR: Michael LAITMAN

www.kabala.info.tr

KAPAK: Laitman Kabbalah Publishers

BASIM TARİHİ: 2023

İçindekiler

YAZARIN NOTU 3

HAYATIMIN ANLAMI 4

EVRİME KABALANIN PERSPEKTİFİNDEN BAKIŞ . 7

REENKARNASYON 11

KABALA BİR BİLİMDİR 16

YARATILIŞIN YAPISI HAKKINDA 21

DÜNYA HAKKINDA 42

ZOHAR'A GÖRE REENKARNASYONUN AMACI 47

MANEVİ DÜNYANIN DİLİ 53

DİĞER DÜNYAYI HİSSETMEK 57

KABALİSTLERİN DİLİ 62

ARZUNUN GELİŞİMİNDE DÖRT SEVİYE 74

BAZI DÜŞÜNCELER 91

ÖZGÜR SEÇİM 101

BAZI SORULAR 134

ÇALIŞMA SIRASINDAKİ NİYET ISLAH OLMA
SÜRESİNİ KISALTIR 138
GÜNÜMÜZ KABALA NESLİ 142

YAZARIN NOTU

Bu kitap çok temel görünse de, Kabala'nın temel bilgisini ifade eden bir kitap olma niyetini taşımıyor. Daha ziyade, okuyucuların Kabala kavramlarına, manevi nesnelere ve manevi terimlere yaklaşımını ilerletmeye yardım içindir.

Kişi bu kitabı defalarca okuyarak içsel görüş ve duyu geliştirir ve daha önce içinde var olmayana yaklaşır. Bu yeni edinilen görüşler, sıradan duyularımızdan gizlenmiş olan boşluğu hisseden algılayıcılar gibidirler.

Dolayısıyla, bu kitap manevi terimlerin düşüncesini geliştirmeye yardım amaçlıdır. Bu terimlerle bütünleştiğimiz ölçüde, tıpkı bir sisin kalktığı gibi, etrafımızı saran manevi yapının ortaya çıkışını içsel gücümüzle görmeye başlayabiliriz.

Yine, bu kitap olguların çalışılmasını hedeflememiştir. Bunun yerine, yeni başlayanların sahip oldukları en derin ve en güç algılanan hisleri uyandırmak için yazılmış bir kitaptır.

Dr. Michael Laitman

HAYATIMIN ANLAMI

İnsan, tarih boyunca hayatın temel sorularına cevaplar aramıştır. Ben kimim? Burada varoluşumun amacı ne? Dünya neden yaratıldı ve ölümden sonra hayat var mı?

Her birimiz, elimizdeki kaynaklar doğrultusunda, kendimize özgü bir şekilde cevapları bulmaya çalışırız. Bulduğumuz şeye ve bilgi kaynağımıza duyduğumuz güvene bağlı olarak, hayata dair kendi kişisel perspektifimizi oluştururuz.

Hayatımızın anlamı nedir sorusu, günlük zorluklarımıza küresel bir boyut ekler. Neden böyle ıstırap çekmek zorundayız? Bu soru, bizi sürekli olarak rahatsız eder. Dünyevî arzularımızdan birini tatmin etmeyi başarsak bile bu soru bizi tatmin hissinden mahrum bırakır.

İstediği amaca ulaşan bir kişi, hemen boşluk ve tatminsizlik hissine geri döner. Geri baktığında, amacına ulaşmak için harcadığı çabalar ve bu yolda çektiği sıkıntılar, başarısına dair uzun vadeli bir tatminlik hissi duymasını sağlamaz.

Bugüne kadar, bu sorulara bir cevap verilmemiştir. İnsanlar, her türlü din ve inanç dâhil olmak üzere, farklı yönlerde arayışlara devam etmektedir. Fiziksel ve entelektüel gelişim çalışmaları ile meditasyon bizlere geçici bir rahatlık verir, ancak hayatın esası ve insanlığın acısı hakkındaki soruya ve bu dünyadaki amacımızın ne olduğuna dair bir cevap bulmamıza imkân vermez. Tüm bu yöntemler, ihtiyaçlarımızı ve arzularımızı etkisiz hale getirmek pahasına bizi sakinleştirir.

Ancak, er ya da geç insanlar gerçeği daha fazla inkâr edemeyeceklerini görürler. İnsanlık, sürekli olarak, varoluşumuza mantıksal bir gerekçe arar. İnsan, binlerce yıldır doğayı araştırıp, anlamını açıklamaya çalışmıştır.

Çağdaş bilim adamları, bilimsel araştırmalarında daha fazla ilerledikçe keşfettikleri dünyaya ait resmin daha belirsiz ve anlaşılması zor hale geldiğini öğrendiler. Çağdaş bilim kitapları ise giderek daha çok bilim kurguya benzemektedir, ancak hâlâ bizlere hayatın anlamına dair net bir cevap veremezler.

Kabala, hayatımızın anlamını ve evrendeki amacımızı anlamamız için net ve kanıtlanmış bir metot sunar. Bu metot, realitenin gizli olan kısmını hissetme becerisinin kişideki gelişimi üzerine odaklanmıştır. Kabala kelimesi, İbranice Lekabel (almak) kelimesinden gelir ve insanın, evrenin geniş ve gerçek resmini hissetmek ve görmek üzere üst bilgiye olan arzusunu ifade eder.

Kabalistler bizlere kendi kişisel tecrübelerine dayanan pratik metotları anlatırlar. Onların kitapları dünyamızın gerçeğini araştırma, hayatın esas anlamına dair sorunun cevabını öğrenme ve edinme metodunu aktarır.

EVRİME KABALANIN PERSPEKTİFİNDEN BAKIŞ

Manevi seviyenin ifşasına ve mutlak edinime ulaşmış Kabalistler, içinde bulunduğumuz realitede, temeldeki haz alma arzusundan başka hiçbir şeyin olmadığını savunurlar. Bu arzuya "yaratılış" denir. Bu arzu, Yaradan (O'nun ışığı) tarafından yaratıldı ve bu nedenle yaratılış, ışığı haz olarak hisseder. Yaradan'ın ışığının yokluğu ise, fiziksel acı, hastalık, açlık ve ölüm gibi türlü acılar ve işkenceler şeklinde hissedilir.

Bu nedenle, bünyemizde sadece negatif ve pozitif hissiyatlar bulunur. Beynimiz, yalnızca ihtiyaçlarımızın tatmininde bize yardımcı olmak amacıyla yaratıldı; pozitif ve negatif arzuların farkına varmamız, anlamamız ve birbirinden ayırt etmemiz için, bunların kaynağına inmemiz, zevke ve rahata ulaşma becerisinin farkına varmamız için.

Cansız bir şeyin yapısındaki her hareket onun formunu korumaya odaklanır. Bitkilerde öncelikli amaç büyümedir. Hayvanlardaki amaç ise hareket, cinsel arzular, aile, toplum, türün devamı ve de büyümesidir. İnsanda bu saydığımız şeylerin tümüne ek olarak hırs, gurur, yönetme ve bilme arzusu belirir. Fakat tüm bunların temelinde hâlâ haz alma arzusu vardır. Gelişimi sadece zevk alma arzusunun gelişimine bağlı olan akıl, yardımcı bir araçtan başka bir şey değildir. Kişi, daha hırslı oldukça ve daha fazla acı çektikçe, rahatsızlık hissini dindirmeye çalışarak evrimleşmeye zorlanır, evrimleşmek zorunda kalır ve böylece yeni şeyler düşünür ve akıllanır.

Eğer yapay olarak arzunun yoğunluğunu azaltırsak kişi daha az rahatsızlık hisseder, ihtiyaçlarını ve arzularını tatmin etmekteki acizliğinden daha az acı duyar. Tüm dinler, inanışlar, çeşitli "beyin yıkama" sistemleri, meditasyon, yoga ve benzerleri insanın doğal arzularını sınırlama üzerine odaklanmıştır. Bunlar kişiyi bu şekilde çekerler; sadece bunun için vardırlar. Kişi arzusunu azaltırsa, kendini daha iyi hisseder ve daha az acı çeker. Fakat insanoğlu hareket etmeden durmaz. Her geçen nesille birlikte, eski nesillerin ruhları haz almak, ışık ve Yaradan için öncekinden daha güçlü bir arzuyla bu dünyaya inerler; bu, yaratılışın diğer parçalarında var olmayan bir süreçtir. İnsanın gelişimi, tamamen egoizmi ve haz alma arzusunu artırmaya yöneliktir – doğamızın ve evrimimizin özü budur. Bu durum, yaratılışın diğer tüm seviyelerinde de bu şekilde açıklanmıştır, çünkü bunlar insana bağlıdır ve insan için değerlidir. İşte bu yüzden, bitkiler ve hayvanlarda olduğu gibi cansız yapıda da değişim ve gelişim vardır.

Fakat arzular yalnızca insanın ruhunda nesilden nesle çoğalır, çünkü doğanın plânına göre, bütünleşmek, Yaradan'ın ışığında zevk almak için sonunda manevi arzuyu edinmesi gereken insandır. Bu yüzden tüm diğer metotlar ve dinler yeryüzünden yok olacaktır. Bugün bile bunun gerçekleştiğini görebiliyoruz – artık arzuları bastırarak ihtiyaçları olan insanların sorunlarına çözümler sağlayamıyorlar. Gerçek huzuru ve bütünlüğü olası kılmıyorlar.

Çok eski bir bilim olan Kabala bilgeliği, arzuların bastırılmasına, zorlamaya ve kişinin kendini toplumdan soyutlamasına dayalı değildir. Bu nedenle Kabala, bu dünyada yaşarken barışı, manevi huzuru, gerçek mutluluğu ve bütünlüğü edinmek için doğru araç olmuştur ve doğru araç olmaya devam etmektedir. Dolayısıyla, ıstırap ve acı yaşamlarımızı dolduracak ve böylece sonunda kurtuluş yolunu aramamızı sağlayacaktır. Bu yüzden, Kabala bilgeliğinin son nesiller için asıl ve tek bilim olacağı söylenir. Nihayetinde, insanı bilim, sanat ve diğer her şeyi geliştirmeye götüren şey kendini gerçekleştirme ve haz dürtüsünü yatıştırma ihtiyacıdır.

Alma arzusundaki (egoizmdeki) artışın bir sonucu olarak ailelerin nasıl dağıldığını artık görüyoruz. Kişi, haz alma tutkusunun gelişimi sonucunda hayvansal seviyeden bir seviye yukarıya yükseldiğinde sosyal çerçevesi ve başkalarıyla olan bağlantıları değişir. Bunun nedeni, Zohar Kitabı'nda yazıldığı gibi, bu nesilden itibaren kitlelerin de manevi dünyanın yasalarını çalışmaya başlamasına izin verilmiş olmasıdır. Bu yüzden, kişi artık "eski güzel günlere" geri dönemez. Kişi, ancak bu artan arzuları düzelttiği zaman maneviyatı edinecektir. Bu da yalnızca Kabala bilgeliğini çalışmakla mümkündür. Arzuların baskı altına alınması ve kısıtlanması hiçbir işe yaramaz, çünkü gelişimin üst yasası, kişinin kendisine ve arzusuna zarar vermesine izin vermez, ancak kişiye acı çektirecektir ve Yaradan'ın ışığıyla nasıl dolacağına dair doğru yolu ona aratacaktır.

Bilim adamları, fizikçiler, biyologlar ve diğer kişiler tarafından yazılmış kitaplar aracılığıyla dünyamızdaki evrimsel süreçler hakkında bilgi edinebilirsiniz. Ancak, gerçekten anlamamız gereken şey ruhun evriminin nasıl gerçekleştiğidir.

REENKARNASYON

Ruhlar, sabit ve önceden belirlenmiş bir düzene göre fiziksel bedenlere inerler. Bu dünyaya, her seferinde yeni bir vücut içerisinde geri dönerler. Her neslin fiziksel özellikleri kendinden önceki nesle benzer, ama her nesildeki ruhlar kendinden önceki tüm nesillerin birikmiş tecrübesiyle bu dünyaya gelirler. Onlar 'oradaki' ziyaretleri sırasında elde ettikleri yeni güçlere sahiptirler.

Her neslin içinde, o nesli tanımlayan bir dizi arzunun ve hayat amacının olması bu yüzdendir. Her nesilde ruhlar, potansiyel yeni arzularla inerler. Arzular, o nesilde bilim, kültür, sanat ve sosyal ilişkilerin nasıl gelişeceğini belirler.

Ruhlar bu dünyaya inmeden ve o neslin gelişim yönünü belirlemeden önce, her şey yukarıdan belirlenir. Bu dünyaya inen ruhların niteliklerine bakarak olacak tüm önemli olayların en ince ayrıntıları da dâhil olmak üzere, belirli bir neslin gelişimine ait tüm detayları öngörmek mümkündür, çünkü ruhlardaki manevi veri daha baştan her şeyi içinde kapsar!

Ayrıca, bir nesil asıl realiteyi yani Yaradan'ı keşfetme arzusunu geliştirmese bile Yaradan tarafından gönderilen acı ve eziyeti çektiği zaman o yöne doğru kesin bir gelişim gösterir. Böylece her nesil, egoizmiyle kurduğu ilişkiye dair tecrübe biriktirir ve bunun sonucunda o acıyı hissetmeye başlar. Fakat o noktada bu halen bilinçsizce çekilen bir acıdır, çünkü bunun egoist doğamızdan kaynaklanan gerçek nedeni henüz kavranmamıştır.

Nihayetinde, tüm nesillerin ıstırap biriktiren hafızası yukarıdan sadece iyilik aldığımız anlayışını getirir. Bu iyiliği sadece egoist kaplarımız aracılığıyla hissettiğimiz zaman bunu mutlak kötülük olarak hissederiz! Nesillerin evrimi bizi asıl realitenin edinimine götürecektir.

Her tarihi dönemde farklı türde ruhlar iner, çünkü farklı türde bir hazırlığa ihtiyaçları vardır. O dönemde dünyada bulunan ruhların türüne uygun bir hazırlığa ihtiyaçları vardır.

Bu yüzden her nesilde bizi manevi yükselişe götüren insanlar bulunur. Bu insanlar kitaplar yazarlar, öğrenci grupları kurarlar ve tüm bunları o anki ruhların türüne en çok uyan metodu bizlere aktarmak için yaparlar. Bu metot sayesinde asıl realiteyi ortaya çıkarır ve onu ediniriz.

Baal HaSulam, "Zohar'a Önsöz" yazısında, altı bin yıllık bir zaman boyunca, ruhların bu dünyaya indiğini yazar. Her nesilde ruhlar daha kötü ve daha bayağı niteliklerle tanımlanmıştır.

Her nesil kendi ıslahını talep eder. İlk iki bin yıl boyunca inen ruhlar o kadar saftı ki, kendi parçalarını tamamlamak için Tora'ya (ışık/kılavuz) ihtiyaçları bile yoktu. Maneviyatı ifşa etmek ve onu edinmek için herhangi bir araca ihtiyaçları olmadan bu dünyada ilerlediler. Bu dünya, ıstırap ve tecrübe kazanma yeriydi. Manevi ıslaha doğru ilerlemeleri için bu dünyada var oldukları gerçeği yeterliydi. Birikmiş acı, ruhları o ıstırap dolu durumdan çıkmaları için itiyordu. Aslında, insan gelişiminin itici gücü acıdan kurtulma arzusudur.

Ondan sonraki iki bin yıl boyunca, manevi gelişimleri için sadece ifşa edilmiş Tora ve Mitsvot'u (sevaplar) fiziksel olarak uygulamaya ihtiyaçları vardı.

Mitsvot ile bu fiziksel dünyada eylem bazında ilişki kurdular. Mitsvot'un mekanik olarak çalışılması arınmak ve ıslaha doğru ilerlemek için onlara yetiyordu.

Fakat ruhların amacını edinim burada son bulmaz. Ruhların sayısı sınırlıdır: 600.000 ruh vardır. Her seferinde ruhlar dünyaya bir başka manevi gelişimi gerçekleştirmek için iner.

Bir ruhtan bayağı ya da bayağı olmayan diye bahsettiğimizde, o ruh son ıslahı edinmeden önce kalan zamanın süresini kast ederiz. Daha büyük bir ıslaha ihtiyacı olan bir ruh daha bayağı olarak kabul edilir.

Ruhların iniş dönemi 16. yüzyıla kadar sürdü ve Kabalist ARİ kendi zamanından itibaren Kabala çalışmasının sadece arzu edilir olmaktan öte tüm halkların erkekleri, kadınları ve çocukları dâhil herkes için bir gereklilik olduğunu yazdığında sona erdi.

Ruhların belli bir evrim seviyesine ulaştığı anlatılır, öyle ki her ruh ARİ'nin geliştirdiği eşsiz sistemi kullanarak, ışığın kaynağını ve kendi son ıslahını edinmeyi, gerçeği tamamen edinmeyi başaracaktır. Böylece her ruh bu dünyadaki yazgısını tamamlamayı, bu dünyaya inmesindeki amacı edinmeyi başaracaktır.

Bu koşul başlı başına Kabala bilgeliğinin olası kıldığı, asıl realiteyi edinmeyi gerektirir. Bu edinim, ancak tüm insanoğlu dünyanın gerçek yapısının yasalarını, kendi kökünü bulduğu zaman gerçekleşecektir, o zaman da ıstırap ve acı bu dünyadan kaybolacaktır.

Realitenin bizi nasıl etkilediğini ve onunla nasıl ilişki kurduğumuzu fark ettiğimizde, yapmamamız gerekeni yozlaştırmayı durduracağız, yapılması gerekeni yapma fırsatlarını kaçırmayacağız ve tüm hareketlerimiz bilinçli, doğru ve evrenin yasasıyla uyumlu olacaktır. O zaman bu dünya ve keşfedeceğimiz dünya, tam bir uyum içinde birlikte var olacaktır.

Ancak bu arada, sadece yanlış yapabiliriz. Geçmişe baktığımızda ise, ıslahtan ziyade bozuklukta olduğumuzu görebiliriz. Bugün, hata yapmaktan bizi alıkoyacak bir yol yok. İnsanoğlu bir çıkmazda ve daha fazla ıstırap ve zarar vererek saldırmaya devam ediyor.

Istırabımız, tüm insanoğlu nihayetinde tek bir yol - manevi gelişim yolu - olduğunu fark edene kadar artmaya devam edecektir. Bunun farkına varmalıyız; üst dünyanın yasalarını çalışmaya başlamaktan, onları denemek ve anlamaktan başka hiçbir alternatifimiz yok, çünkü biz onun ayrılmaz bir parçasıyız.

Bu anlayış, durumumuzu dramatik bir şekilde değiştirecek ve daha üst seviyeleri edinmemizi sağlayacaktır. Nihai amacı daha geniş bir bakış açısından kavrayarak bilinçli bir şekilde hareket etmeye başlayacağız. Kendisinden başka hiç kimseyi düşünmeyen bireyler olarak değil hep birlikte çalışmaya başlayacağız.

KABALA BİR BİLİMDİR

Kabala bilgeliği, yaratılışın tüm sistemini tek bir nesne olarak inceler. Şu anda sadece, 'bu dünya' veya 'dünyamız' dediğimiz çok küçük bir kısmını algılayabiliyoruz. Kabala, tüm gerçekçi bilimlerde olduğu gibi deneylerin yapılmasını, sonuçların belgelenmesini, deneylerin tekrarlanmasını, verilerin toplanmasını ve sınıflandırılmasını gerektirir. Bu yüzden Kabala bilgeliğine aynı zamanda 'Kabala bilimi' denir. Kabala, din değil bir bilimdir.

Kabala bilgeliği, sadece maddenin doğasını değil, aynı zamanda madde içindeki gerçek anlamı inceler. Bu çalışma sırasında, üst manevi güçlerin nasıl yukarıdan dünyamıza uzandığını öğreniriz. Bu güçler dünyamızda fiziksel, kimyasal, biyolojik ve zihinsel dediğimiz birçok kavrama ayrılır.

Aslında, makine bilimi, biyoloji, astronomi, müzik ve benzeri alanlardaki birçok göstergeyi barındıran, herkesin çalıştığı, her şeyi kapsayan tek bir yasa vardır. Dolayısıyla, bu alanlara ayrılma durumu sembolik ve yüzeyseldir. Böyle olmasının sebebi, bu olguları bir bütün olarak inceleyemeyecek şekilde yaratılmış olmamızdır ve bunları ayrı ayrı çalışarak farklı alanlar yaratırız. Ancak maddenin gerçeği her şeyin birbirine bağlı olduğudur, çünkü incelenen nesne ortaktır ve bunu sadece çalışmamızı kolaylaştırmak için ayırırız.

Kabala bilgeliği, bu dünya hakkında bir çalışma değildir. Diğer tüm bilimler ise, bu dünyayı oluşturan ayrıntılardır. Kabalaya göre, müzik, biyoloji ve tıp, doğanın yegâne içsel yasasından kaynaklanan dışsal kavramlardır.

Ruh, sadece duyguları algılar. Bu dünyada, hislerimizi kesin olarak, geometrik çizgilerle tarif edemeyiz. Sesler, tatlar, korkular ve haz tam olarak belgelenemez.

Kabala bize üst dünyaların edinimini kesin ve matematiksel olarak ifade etme şansını verir. Hepimizin ve her birimizin durumuna ve bizi etkileyen etmenlere göre, duygularımızı, hislerimizi ve deneyimlerimizi ifade edebiliriz. Bu içsel durumlara "ruhun durumları" denir.

Kişi, kendi durumunu değiştirdiği zaman ruhunun daha önceki durumuna geri dönebilir. Yani kişisel durumlarda, belli formüller aracılığıyla, bilimsel bir tavırla, bir durumdan diğerine geçmeyi doğru şekilde yönlendirmenin bir yolu vardır. Kabala kitaplarını okuduğumuzda da bu gerçekleşir. Eğer okuyucunun bir "perde"si varsa, yazarın yazdığı şeye bağlı olarak bilinçli bir şekilde manevi dünyalar arasında gezinebilir.

Örneğin, Raşhaş (Kabalist Şalom Şabazi) tarafından yazılmış olan bir dua kitabını ele alalım. Bu kitap net bir şekilde şunu belirtir: Bir manevi seviyeden ışık al ve bu ışığı bir diğer seviyeye taşı. Yeni seviyeye yüksel ve bu seviye içindeki ışığı bir yerden diğerine götür. Buradan öğreniyoruz ki, bu dua kitabı gerçekten de üst dünyayı etkileme yolunu açıklayan bir kılavuz kitaptır ve bu şekilde kendi geleceğimizi etkileyebiliriz. Kişinin dua etmesi ne demektir? Kişi, kendisi ve çevresi için gelişimle ilgili olarak daha iyi koşullar oluşturur.

Bu dua kitabı kitapçılarda bulunur, ama kimse tek kelimesini anlamaz. Herhangi bir kılavuz kitapta olduğu gibi içinde açıklamalar vardır. Eğer manevi bir seviyede çalışıyorsanız, o güç ve bilgiye sahipseniz yukarıdan üzerinizde çalışan ilahi takdir içinde değişiklikler gerçekleştirebilir ve böylece dünyayı iyiye, sadece daha iyiye doğru değiştirirsiniz.

Bu yüzden, İbranilerin dünyaya kılavuzluk edeceği söylenir. Aslında, İbrani (Üstünde anlamında olan "ebedi" kelimesinden gelir), dünyamızın ötesindeki üst dünyaya geçmiş bir kişiyi ifade eder ve dolayısıyla bu kişi, dünyaya öncülük edebilir.

Kabala bilgeliği ile bilinen bilimler arasında hiçbir çelişki yoktur. Tam aksine, öğrencilerimden birçoğu gerçek bilimlerde akademik derecelere sahiptir.

18

Kabala bilgeliği, bir bilimin tüm özelliklerine sahiptir: deneme, test yapma, belgelendirme, deneylerin tekrarlanması, kavramların tekrar kurulması. Aslında, diğer bilimlerde bulduğunuz her şeyi, çok daha geniş bir bakış açısından kapsar, çünkü içinde bilimin tüm alanları bulunur.

Kabala bilgeliği, sadece belli bir manevi seviyenin edinimi aracılığıyla sonuçlara ulaşmanın hissiyatına izin verir. Buna gizli bilgelik denir, çünkü yalnızca araştırmacının kendi "perde"si (amacın gücü) aracılığıyla sonuçlar edinilir. Kişi, eğer tam aynı güçte bir perdeye sahip değilse yürüttüğü deneyin sonuçlarını bir başka kişiye aktaramaz.

Kabala'da bir deney yapmak, kendi içinizde değişmek, o deneyin sonuçlarını kendinizde, bedeninizde ve arzunuzda hissetmek demektir. Bir fizikçi, kendi duygu ve niteliklerine bağlı olmadan deneylerini yapabilir; tüm bunlar yürüttüğü deney ile ilgisizdir ve deneyin gidişatını değiştirmez. Kabalist ise eğer belli bir seviyede bir deney yapmak istiyorsa, ilk önce kendini o seviyeye çıkarmalı, kendi manevi nitelikleri ile çalışmalı ve böylece deneyin sonuçlarını etkilemeli ve kendinde belgelemelidir.

Sıradan bir bilim adamı algısının gücünü yaymak için sadece dışsal araçlara sahiptir. Fakat Kabala bilgeliğinde, Kabalistin içsel bir "perde" dışında hiçbir aracı yoktur. Bu perde, altıncı his gibi ek bir his olarak ona hizmet eder ve tüm yaratılış sistemini etkilemesi ve düzeltmesi için ona yeterlidir. Bu yüzden, Kabalist perdeden başka hiçbir şeye ihtiyaç duymaz.

Kabala, herhangi bir diğer yasadan farklı değildir. Doğanın bildiğimiz tüm yasaları ile örtüşür. Tüm yaptığı, bu yasaları derinliğine ifşa etmektir. Fizik, kimya, optik, elektronik ve benzeri alanlara ait yasaları görünürde sürdürür, fakat bunu ruhun bakış açısıyla yapar. Sıradan bilim Kabalanın bir parçasıdır, çünkü Kabala, yaratılışın temel yasasını ve bunun dünyamızdaki sonuçlarını tanımlar.

Kabala bilgeliği, dünyamız dâhil olmak üzere tüm dünyaları kapsayan yaratılış sistemiyle bir bütün olarak ilgilendiği için biyolojik bedenimizin bilgisi olan tıp dâhil olmak üzere diğer tüm bilimleri doğal olarak kapsar. Ancak bu, sadece kişi maneviyatı edinirse ve manevi dünyada yeterli olursa mümkündür. O zaman kişi, manevi güçlerin dünyamıza ne şekilde indiğini bilir ve neden bedene şu veya bu şeyin olduğunu, her hastalığa ait sorunun ne olduğunu bilerek bedensel hayatını sürdürür. Bu bilginin edinimi için Kabalist olmanız gerekir çünkü bunu sadece kitaplardan öğrenemezsiniz.

YARATILIŞIN YAPISI HAKKINDA

Bu bizim için hala bir aksiyomdur (doğruluğu ispatsız olarak kabul edilen önerme). Ancak ıslah olduktan sonra, bir üst gücün olduğunu, "ışık" denen şeyi bize ihsan eden bir Yaradan olduğunu anlayacak ve fark edeceğiz. Biz, manevi bir kap olarak, Yaradan'ı ve ışığı içimizde hissederiz. Kabımızı (zevk alma, haz alma arzumuzu), yani bizi ışık dediğimiz tek bir arzuyla dolduran bir şey vardır. Haz almaya dair hislerin bileşimi Yaradan'ın bize ne vermek istediğini tanımlamamızı sağlar. Yaradan, ışığın kaynağıdır.

Işık, hazdır ve Yaradan, ışığın kaynağıdır. Bunlar yaratılışın üç unsurudur. Yaradan'ın hissedilişine ışık denir. Nitekim yaratılan, Yaradan'ın mükemmelliğini anlayabilir, ama tam olarak kavrayamaz, çünkü kelimenin tam anlamıyla O'nu anlamak demek manevi olarak birleşmek ve Yaradan'la manevi bağ kurmak demektir, yani zihinle yüzeysel olarak anladığımız gibi değildir. Yaradan'ın mükemmelliğini anlamak, kusursuz olmak, O'nunla aynı manevi seviyede olmak demektir. Eğer yaratılan Yaradan'ın manevi kusursuzluğunu edinmekten haz alacak şekilde yaratıldıysa, o zaman yaratılan ve mükemmellik aynı değildir. Mükemmellik yaratılına haz veren ışıktır, yaratılan ise sadece haz alma arzusudur.

Eğer Yaradan manevi mükemmelliği temsil ediyorsa ve bir şeyler yaratmak istiyorsa, o zaman yaratılan Yaradan'a ait niteliklerin dışında olmalıdır, yani eksik olmalıdır. Bu demektir ki, yaratılanın tek niteliği, mükemmellikten yoksunluktur. Fakat, eğer Yaradan mükemmel ise nasıl olur da mükemmel olmayan bir şey yaratır? Yani, Yaradan'ın mükemmel ve bütün olduğu savından O'nun hiçbir şey yaratamayacağı sonucu çıkar, çünkü O'nun yarattığı her şey eksik olmak zorunda kalacaktır. Eğer O, eksik bir şey yaratırsa da, Kendisi eksik demektir. Ne de olsa, bütün olan bir şeyden eksik bir şeyin ortaya çıkması imkânsızdır.

Öyleyse sonuç olarak, Yaradan yaratılanı nasıl yarattı? O, yaratılanı Kendi mükemmelliğinin önemini gösterecek şekilde yarattı. Eğer O, birisine haz vermek istiyorsa, o kişi mükemmelliğin tüm nitelikleriyle birlikte Yaradan'ın manevi seviyesine yükselmelidir. Bu nasıl yapılabilir? Bir taraftan, birini yaratacaksın ve diğer taraftan yaratılan bu kişi mükemmelliğin sınırlarını aşmayacak. Sonuç olarak bu, varoluşuyla çelişen bir şey yaratmak demektir. Bunu yapabilmenin tek yolu yaratılanı eksik yaratmak ve kendi başına Yaradan'ın mükemmellik seviyesini edinmesi için ona manevi bir arzu vermektir. Eğer yaratılandan sadece bir haz alma arzusu olarak bahsediyorsak, doğal olarak onun bütün olmadığını fark ederiz. O zaman sorarız – Yaradan böyle bir şeyi nasıl yaratabilir? Ancak, eğer bu konuya, yaratılanın özellikle böyle yaratıldığını varsayarak bakarsak, o zaman tüm parçalar yerini bulacaktır. Böylece yaratılan, o zıt nitelikten hareket ederek, manevi mükemmellik halini gerçekleştirecektir.

Haz alma arzusu aracılığıyla Yaradan'ın manevi seviyesine gelmemiz için, Yaradan'ın Kendi niteliklerini kullandığı gibi, aynı şekilde kaplarımızı nasıl kullanacağımızı bilmemiz gerekir. Yaratılan, tek bir şeye sahiptir: Haz alma arzusu, oysaki Yaradan verme arzusudur.

Ancak kendi doğamızı ıslah ettiğimiz takdirde, Yaradan'ın manevi seviyesine erişmemiz mümkündür. Fakat doğamızı Yaradan'ınkine çevirmemiz imkânsızdır, çünkü temelde ikisi birbirinin zıttıdır. Yaradan'ın doğası vermektir, yaratılanın doğası ise almaktır. O'nun manevi seviyesine yükselebilmemiz için, doğamızı ıslah etmeliyiz, yani kabımız vermek için olmalı. Bu nasıl olacak? Yaradan, kabı Kendi ışığıyla doldurduğu zaman kabın içerisinde haz oluşturur ve bununla birlikte ihsan etme niteliğinin belirmesine neden olur. İnsanı, manevi ve fiziksel diğer yaratılanlardan farklı kılan budur.

Doğanın geri kalan kısmında – cansız, bitkisel, hayvansal ve hatta insanlar (elbette tüm insanlar değil) – dünyevi haz alma arzusundan başka bir şey yoktur. Eğer istedikleri şeyi alırlarsa, bu onlar için hazdır. Eğer istediklerinden daha azını alırlarsa, bu acıdır. Kısacası kişinin durumunu hazzın büyüklüğü veya küçüklüğü belirler.

Fakat haz hissinin yanı sıra, görünürde anlaşılmaz olan ekstra bir hissi hissetmeye başlayan insanlar vardır. Dışsal bir gücün onları ittiğini ve yönlendirdiğini hissetmeye başlarlar. İlk başta, bunun ne olduğunu ve onları nereye yönelttiğini anlamazlar, fakat sonunda ihsan etmek için, manevi bir arzu ortaya çıkar. Bu nitelik harekete başladığında, kişi sakinliğini kaybeder. Sanki dünyayı terk etmiş gibidir ve başka bir şey bulma ihtiyacını hisseder. Bu diğer doğa aracılığıyla, kendisini, kendi doğasını eleştirmeye, eylemlerini ve düşüncelerini değerlendirmeye başlar. Kendi birincil doğasını ıslah edemediğini görür, ancak, haz alma arzusunu başka yönlere yöneltebilir, yani kendi doğası aracılığıyla yeni nitelikler - Yaradan'ın niteliklerini edinebilir.

Kişi, içindeki ışık sayesinde iki niyet olduğunu fark eder: kendim için ve Yaradan için ve bu ikisiyle de çalışabilir.

Bu nasıl gerçekleşir? Işık sadece haz getirmez, aynı zamanda veren kişi olmanın hissiyatını sunar, yani kişi kendisinin de verebileceğini hisseder. Bu yüzden kişi, alma arzusunun aracılığıyla bunu hissetmeye başlar; her iki şekilde de çalışabilir. Dünyamızda yaşayan, çalışan ve ticaret yapan insanlar bunu gerçekte anlayamazlar; onlar verip aldıklarını ve ticaret yaptıklarını düşünseler de hiç kimseye hiçbir şey vermiyorlar. Aslında, sadece alıyorlar. Özü tamamen ihsan etmek olan zıt doğayı görmüyorlar.

İnsan, kendi egoist doğasını ancak Yaradan'ın özgecil doğasını hissetmeye başladığı zaman anlayabilir. Kişi bunu fark etmeye başlamadan önce İnsan olarak bilinmeye hakkı yoktur.

Bu dünyada olduğumuz zaman egoist doğamızla yaşıyoruz. Manevi dünyaya geçtiğimiz zaman "kabuk" denilen manevi egoizmin ne olduğunu anlayacağız. Bu kabuk bizim dünyamızda mevcut bile değildir, çünkü fiziksel egomuz bilinçaltı seviyesindedir. Bu şekilde yaratılmışız ve bu şekilde de yaşıyoruz. Kişi, Yaradan'ı hissetmeye başladığı zaman manevi ışığı alır ve Yaradan'ın doğasını anlamaya başlar ve O'nun doğasının kendi doğasına ne kadar zıt olduğunu görür.

Burada bir ikilem ve özgür seçim vardır. Eğer kişi daha önceki gibi çalışmaya devam etmeyi seçerse, yani haz almaya devam ederse, o zaman gerçekten kendi için almaya başlar. Kişi şimdi haz aldığının farkındadır ve buna "O'nun adına değil" tarzında almak denir. Bu seçenek geçmişte mevcut değildi ve kişi sadece haz alıyordu. Şimdi, önünde iki seçenek olduğu halde almayı seçince, bu seçim Yaradan'a karşı bir kabuk, bir kötü güç olarak düşünülür, çünkü artık ikinci bir doğaya sahiptir. Ancak, eğer kişi niyetini Yaradan'a benzemek için kullanmayı seçerse, buna "O'nun adına" almak denir, yani haz alma arzusunu zıt bir doğrultuda kullanır. Böylece insan, kendi doğal haz alma arzusu aracılığıyla Yaradan'ın ihsan etme niteliğini tam olarak değerlendirir.

Dolayısıyla, haz için duyduğumuz doğal arzumuzu doğru şekilde kullanmak için, ilk önce Yaradan'ın niteliğini benimsememiz gerektiğini görüyoruz. Daha sonra vermek ve almak arasında, yani iyi güç ve kötü güç olmak arasında bir seçim yapabilir olacağız. Bir dereceye kadar bu seçimi şimdi de yapabiliriz. Ancak Yaradan'ın niteliğini edinene kadar dünyevi egoizmin çerçevesi içinde kalırız ki, bu egoizm bile sayılmaz, çünkü halen karşıt niteliğe sahip değildir.

Bu, olumlu veya olumsuz bir nitelik demek değildir. Sadece bizim doğamızdır, olumlu veya olumsuz bir nitelik olarak değerlendirilemez. Kabalist Aşlag, bu dünyanın eski günlerdeki bir okul gibi olduğunu söyler. O günlerde kâğıt çok pahalıydı. Bu yüzden çocuklara, doğru şekilde yazmayı öğrenene kadar, bir tahta ve tebeşir verilirdi. Biri yazmayı öğrenmeden önce, yani nasıl davranacağını öğrenmeden önce, kısıtlayıcı koşullar altındadır, böylece kişi hiçbir zarara sebebiyet veremez. Eğer bir yanlış yapılırsa, bu her zaman silinebilir ve tahta temiz kalır. Dolayısıyla, biz de bu dünyada istediğimiz her şeyi yapabiliriz. Bu yaptıklarımız, manevi dünya açısından bir günah veya bir sevap olarak sayılmaz. Bu dünyada yaptığımız her şey (Kabalanın bakış açısından bahsedersek, insanın kişisel manevi gelişimi), manevi bir seviyede değerlendirilemez bile. Hepsi manevi dünya seviyesinin altındadır. Kişi, fiziksel hazza ek olarak kendi doğasına farklı gelen şeyleri edinmeye, verme niteliğinin eksikliğini hissetmeye ve kendi doğasına zıt olan daha başka bir şeylerin de olduğunu fark etmeye başladığı takdirde, ancak o zaman, düalizmden, özgür seçimden, egoist doğayı özgecil doğaya doğru yöneltme yeteneğinden ve bir şeyleri başka bir şeylere tercih etme durumundan bahsedebiliriz. O ana gelmeden önce, kişi yaptığı hiçbir şeyden sorumlu değildir, ondan hiçbir şey beklenemez, çünkü gerçek anlamda özgür seçime sahip değildir. Günahkârlar, haktan yana olanlar, günahlar ve manevi eylemler, bütün bunlar sadece belli bir manevi seviyede başlar. Dünyamız, manevi dünyaya giriş için sadece bir hazırlık yeridir.

Manevi dünyaya giriş nasıl mümkün olabilir? Hem de bunu ölümden sonra değil de, bu dünyada yaşarken yapmak. Yaradan'ın niteliğini hissetmeye başlamak ve doğal olan arzuları yönlendirip ıslah etmek, manevi dünyaya girmek demektir. Manevi dünya, Yaradan'ın niteliklerinin benimsenmesidir. Aslında, hepsi çok basittir ve temelsiz fantezilerde hayal ettiğimiz gibi değildir. Yaradan'ı hissetme niteliğinin edinimine, manevi dünya veya üst dünya denir ve başka hiçbir şey denilmez! Yaradan'ın niteliklerini hissetmeye başladığımızda, manevi dünyaya girmiş oluruz. Fiziksel dünya değişmez, daha önce olduğu gibi kalmaya devam eder. Fakat insan, kendi içinde ek güçler hisseder, çünkü şimdi ikinci bir doğa edinmiştir.

Bu ikinci doğayı edinmenin, bu "sınıfı" bitirmenin, hatasız yazmayı öğrenmenin ve manevi dünyaya girmenin en çabuk yolu nedir? Hatasız yazı yazmayı öğrenmek ne demektir? Kabalist Aşlag, sadece doğru hislere ve niyete sahip, Yaradan'ın hissiyatını edinmiş ve halen dünyamızda yaşarken manevi eylemlerde bulunmaya hazır olan kişilerin esas olarak buna hazır olduğunu yazar. Bu insanlar, manevi dünyayı keşfetmek zorunda olduklarını anlamaya başlarlar. Ancak bu, fiziksel dünyamıza ait öngörülerle, falcılık ve geçmişin analizi gibi yollarla yapılmaz. Bu tip şeyler artık onların ilgisini çekmez. Fiziksel bedenin geçmişi ve geleceği ile ilgilenmezler. Bunlardan çok daha yüksek bir şeyi düşünmeye ve analiz etmeye başlarlar; başka bir gezegenden gelen yaratıkları, serveti, bu dünya ile ve bedenlerimiz ile ilgili hiçbir şeyi değil. Eğer onlar tüm bu arzuların ötesinde bir çekim hissediyorlarsa, Yaradan onlara sesleniyor demektir. Yaradan, onlara Kendi niteliklerinin hissiyatını bahşetmek ister, böylece onlar kendi arzularını doğru şekilde kullanabilirler. Daha sonra, dünyamızın fiziksel hissiyatından çıkmalarını sağlayan manevi bir seviyeye gelirler, egoist arzulardan

Yaradan'ın arzusunun hissiyatına, ihsan etmenin manevi arzusuna geçerler. Kabala'yı bir grup içinde, bir hoca ile (manevi edinim sahibi, Kabalist) ve doğru kitaplar aracılığıyla çalışarak bu hisleri edinmek mümkündür.

Bu nasıl yapılabilir? Daha önce de söylediğimiz gibi, eğer kişi Yaradan'ın ışığını kendi kabı içine almışsa, Yaradan bu ışıkla birlikte Kendi niteliklerini aktarır. (Hak etmeyene ise, sadece O'nun manevi ışığını içermeyen bir hayat ruhu verir.)

Yaradan'ın Kendi niteliğini bana aktarmasını nasıl sağlarım? Diyelim ki, belirli bir ön arzuya sahibim. Yaradan'ın niteliklerini bana aktarmasını nasıl sağlarım? Bunun için özel kitaplar vardır. Eğer bunları okursak, ışığı kendi üzerimize çekeriz ve böylece, bu arada ışığı hissedemesek bile, belirli hissiyatlar (bazen olumsuz, bazen olumlu) alırız. Yaradan, ifşanın ve O'nun amacını edinmenin hissiyatını küçük miktarlarda, yavaş yavaş bize aktarmaya başlar, vermeye dair manevi arzu gerçekte budur.

Neden Yaradan bunu açık bir şekilde değil de gizli olarak yapar? Eğer bu tüm diğer insanlardan gizlenmiş olsaydı ve sadece biz, seçilmiş birkaç insan, bu ifşaya layık olsaydık, biz de bunu bir sır olarak tutardık. Neden bunu gizlememiz gerekir, neden bizden gizlenmiştir? Böylece, o niteliği gerçekten isteyelim diye.

Bunu açıklamak biraz zordur. Burada küçük bir sorun olduğunu hissediyorum. Durum şudur ki, niteliklerin bize aktarılması, onların bize ifşa edilmesi demektir. Eğer Yaradan bize ifşa olsaydı, öyle muazzam bir haz alırdık ki, herhangi başka bir şeye odaklanamazdık. Yaradan, bu muazzam hazzın dikkatleri dağıtmasını önlemek, ama aynı zamanda Kendi niteliklerini bize aktarmak için bu niteliği ve hazzı saklar ve bize bunları gizlice aktarır. Böylelikle, bunu hissetmeyiz, sadece sonucu hissedebiliriz.

Aşamalı olarak, Kabala bilgeliğini aylarca çalıştıktan sonra, maneviyat için çok daha büyük bir arzu hissetmeye başlarız ve onun daha iyi bir anlayışını ediniriz. Bu çok yavaş olarak gerçekleşir, çünkü doğamız sınırsız sayıda alt sistemlerden oluşmuştur ve bunların hepsini ıslah etmiş olmamız gerekir. Bu alt sistemlerin, bilinçaltımızda bulunan niteliklere karşılık gelen nitelikleri benimsemesi gerekir. Aslında ikinci ve üçüncü dereceden olan bu nitelikleri asla hissetmeyiz. Tüm bu alt sistemler, ıslah sürecine katılmalıdır, bu yüzden de süreç uzun sürer. Aslında ıslahın süresi kişinin yatırımına, yani gösterdiği çabanın miktarına bağlıdır. Kendini bu sürece verme becerisi kişiye bağlıdır. Yaradan, sadece ilk arzuyu verir, fakat bundan sonrası kişinin kendi çabalarına dayanır. Sadece kişinin çabalarına değil, kişinin çevresine, yani maneviyata doğru ilerlemek için içinde bulunduğu çevreye de bağlı olduğunu söylemek daha doğru olacaktır.

Baal HaSulam, "Özgürlük" adlı makalesinde, özgür seçimimizi gerçekleştirmenin tek yolu, yaratılışın amacını edinmekte kişiye yardım edecek doğru çevreyi araştırmak ve bulmaktır diye yazar. Kişinin kendi başına değiştirebileceği tek faktör kendisini etkileyecek çevreyi bulmasıdır. Böylece kişi, manevi gelişimini ve hatta tüm dünyayı etkiler. Bunun dışında hiçbir şey yoktur. Tüm süreçlerin ve yolların hepsi önceden belirlenmiştir. Yaradan'a giden yol ve kişinin geçmesi gereken manevi seviyeler verilmiştir. Burada tek bir şeyi değiştiremezsiniz veya o şeyi herhangi bir şekilde etkileyemezsiniz. Her basamaktan sonra, bir sonraki basamak vardır ve sonra bir sonraki basamak, çünkü bu, evrimleşmesi gereken ruhun içsel yapısına bağlıdır. Bu yapı önceden belirlenmiştir ve kişinin seçebileceği tek şey çevrenin doğru seçimidir: Kişi toplumun etkisi altındadır ve toplum kişiyi düzeltebilir.

Eğer hiçbir şey değiştirilemiyorsa, toplum bir kişiyi nasıl değiştirebilir? Eğer ilk ve son parametreler önceden belirlenmişse, o zaman hâlâ ne değiştirilebilir? Baal HaSulam bu soruya, sadece sürecin hızı değiştirilebilir diye cevap verir. Bu çok değerli bir parametredir. Neden? Düşünün bir kere, bir seviyeden diğer bir seviyeye, bir saniye içinde ya da bir milyon saat içinde ilerliyorsunuz. Farz edelim, milyonlarca saat veya bir saniye devam eden bir diş ağrınız var. O bir saniye içinde gerçekte herhangi bir şey hissetmezsiniz, fakat bu süre bir milyon saate uzarsa, o acıyı bir düşünün! Bu ciddi bir konudur. Tam olarak bu oranda, eğer daha büyük değilse, kişi kendi sürecini hızlandırabilir. Böylece kişi, nitelik seviyesinde hoş olmayan durumları azaltır. Bu durumlar önlenemez, çünkü onlar da daha önceden tanımlanmışlardır. Herkes bu durumlardan geçmelidir. Fakat bu geçişi hızlandırabiliriz ve böylece daha az acı hissederiz ya da hiç hissetmeyiz bile. Kişinin topluma dair özgür seçimi ve çevresi, onun manevi gelişimini etkileyebilir.

Fakat burada şunu sormalıyız: Ne tür bir seçimden bahsediyoruz? Daha hoş olan veya daha az hoş olan yollar arasında mı seçim yapıyoruz? Seçimimiz egoist boyut içinde mi? Durum şu ki, bu yolu bizi daha iyi hissettirdiği için seçmiyoruz. Eğer bu yolu egoist arzularıma göre seçersem, mutlaka hızlı bir gelişimi ifade etmez. Hızlı ilerlemek, Yaradan'ın ihsan etme niteliğini edinerek, O'nun gücü ile ilerlemektir.

Yaradan'ın başlangıçta yarattığı tüm dünyalar sadece bir zevk alma arzusudur. Işık, hatta çok sönük ışık bile bu arzuyu etkilediği zaman, Yaradan'a ait diğer dokuz niyeti de bu arzuya ekler. Ancak, kişi tek bir arzuya sahiptir: haz almak.

Diğer dokuz arzu, kişinin içindeki ışığın etkisi altında evrimleşir. Kişi, Yaradan'ın faaliyetlerinden etkilenir ve O'nun niteliklerinin bileşimini – O'nun on arzusunu – edinir. Kişi, bütün bunları, yani Yaradan'dan aldığı arzularla birlikte haz için duyduğu doğal arzuyu nasıl uygulayacağını bilmelidir. Kişi, bu arzuları Yaradan gibi olmak üzere nasıl uygulayabilir? Bu nasıl yapılabilir? Kişi, haz için duyduğu doğal arzusunu, yani Malhut denilen onuncu Sefira'yı (Yaradan'ın niteliği) ıslah ederse ve onu önceki dokuz Sefirot'a (Yaradan'ın niteliklerine) benzemek için dönüştürürse bunu yapabilir. Yani, kişi Malhut'u alır ve "O'nun adına" niyetini kullanarak vermeye çalışır. Daha sonra Malhut'u yine alır ve onu Hohma Sefira'sına (Erdemlik niteliğine) benzetmeye çalışır ve böylece devam eder. Yaradan'ın dokuz tane ihsan etme niteliği vardır, dokuz olasılık. Kişi, çeşitli arzu türlerini kullanarak, her seferinde Yaradan'ın belli bir niteliğine benzemeye çalışır ve böylece daha yüksek olan bütün dokuz Sefirot'u, Yaradan'ın tüm niteliklerini benimser. Malhut'un dokuz Sefirot'tan hiçbirine benzeyemeyen parçasına, yani "O'nun adına" niyetiyle almasına, taştan kalp denir ve kişi bu parçayla çalışamaz. Kişi, basitçe bu nitelikleri (arzuları) kendinden koparır ve der ki: "Bu arzularla çalışmayacağım!" Çalışabileceği diğer tüm arzular, tamamen Yaradan'ınkine benzer olanlardır. Kişi, Malhut'un içindeki kendi dokuz niyetini bir kez ıslah ederse, orada sadece ıslah edilemeyen onuncu parça kalır, çünkü Yaradan'ın nitelikleri bu parçayı etkilemez. Bu parça, Yaradan'ın ışığını anlayamaz ve algılayamaz. Bu duruma, "Son Islah" denir ve bu, kişi tüm niyet ve niteliklerini tamamen ıslah etmiş demektir.

Niyetin o parçası, en güçlü ve en doğal olan arzudur. Kişi, bu parçayı ıslah edemez ve bundan dolayı kendini ondan tamamen ayırır ve ıslah sırasında onu hiç kullanmaz.

Eğer kişi, niyetlerinin ıslahını tamamlarsa, "taştan kalbi" Yaradan'a benzetmek üzere ıslah edebilecek özel bir ışık yukarıdan gelir. Bunun nasıl olduğunu hayal etmek imkânsızdır. Yukarıdan öylesine güçlü bir ışık gelir ki, o arzu bile "O'nun adına" niyetini edinir. Böylece kişinin tüm nitelikleri ve Yaradan'a benzemesinin tüm olasılıkları gerçekleşir, kişi Yaradan'a eşit hale gelir. Fakat kişi bundan ne kazanır?

Başlangıçta, kişi ilk yaratıldığında, Yaradan'ın ışığıyla doldurulmuştu, fakat Yaradan'ın niteliklerini algılayamıyordu. Kişi, Yaradan'ın verme arzusunun sonucu olarak yaratılmış ve haz almıştı. Şimdi, kişi o duruma geri dönmüştür, yani Yaradan'ın vermek istediği her şeyi alır. Bu, Yaradan istediği için böyledir, kişinin kendisi bunu istemez, yani bu manevi duruş da Yaradan sayesinde edinilmiştir. Bunun yanı sıra, Yaradan'ın niteliklerini aldığı ve O'na benzer hale geldiği için, kişi yaratılışın manevi seviyesinin üzerine, yani içine doğmuş olduğu ilk seviyeye yükselir ve daha yüksek bir seviyeyi, yani Yaradan'ın seviyesini edinir. İşte bu yüzden kişi, ebedi hayatı, mutlak edinimi ve mükemmelliği, yani kendi doğasının sınırları içinde kaldığı sürece edinemediği her şeyi edinebilir. Yaradan'ın niteliklerini alacaktır, ama O'na benzer hale gelmeyecektir. Yaradan, kişiye Kendi niteliklerini sunar ve ona haz verir. Böylece kişinin, yaratılışın manevi seviyesinden, Yaradan'ın manevi seviyesine yükselmesini sağlar.

Tüm bu sürecin, daha önceden Yaradan tarafından belirlenmiş olduğunu görüyoruz. Bu demektir ki, O, kendinden daha aşağı herhangi bir şey yaratmadı ve kişinin geçmesi gereken yol, kendini keşfetmesi ve o hissiyatın edinimi için gereklidir. Aksi takdirde, Yaradan'ın manevi seviyesini anlayamayacaktır. Bu yüzden, Yaradan'ın durumuna zıt bir durumdan manevi yola başlar. Bu yol, yaratılışın başlangıcından sonuna kadar varolan tüm manevi seviyelerden, tüm durumlardan ve tamamen kusurlu bir durumdan tam mükemmel bir duruma geçmemiz için gereklidir. Böylece, Yaradan'ın mükemmellik seviyesine geldiğimiz zaman, O'nun manevi seviyesiyle birlikte gelen hazzı nasıl takdir edeceğimizi ve anlayacağımızı bileceğiz.

Bu duruma nasıl bakarsak bakalım, son ıslaha kadar giden manevi yol, olumsuz deneyimler ve hissiyatlarla döşenmiştir.

Öyleyse, Tora'nın yolu ile ıstırabın yolu arasındaki fark nerededir? Tora'nın yolu, sadece acının miktarında ve şiddetinde farklı değildir. Durum şudur ki, kişi Tora'nın yoluna girdiği zaman, yani Kabala bilgeliğini çalıştığı ve ışığı kendi üzerine çektiği zaman, Yaradan'a ihsan etme becerisinin eksikliği olarak fiziksel acısıyla ilişki kurması gerektiğini anlar. Yani acı fiziksel eziyetten, manevi eziyete dönüştürülür; Yaradan için duyulan aşk acısı. Bu yüzden, fiziksel acıyı sonunda manevi acıya çevirmesi için, kişinin fiziksel acının kısır döngüsünden geçmesi gerekmez. Kişi, doğru kitapların yardımıyla, Yaradan'ın ışığını kendi üzerine çeker ve tam olarak neyin eksikliğini çektiğini hissetmeye başlar. Hemen doğru ıstırabı, yani maneviyatın yokluğundan gelen acıyı anlar. Dolayısıyla, kötü fiziksel ıstıraplardan kurtulur.

Eğer kişi haz alma arzusuna, yani Malhut'un niteliğine sahipse, ışık onu öyle bir şekilde etkiler ki, Malhut'tan tamamen ayrık olan ek dokuz Sefirot'u da almaya başlar. Aslında bu durum, daha çok dünyamızda net bir şekilde algılanabilen psikolojik bir problemdir. Eğer belli bir kişiden haz alırsanız, siz de yavaş yavaş onun gibi olmak, o niteliği benimsemek istersiniz. Bunun tüm sebebi, belli bir niteliğin benimsenmesi ile hazzın bir ve aynı olmasıdır.

Yaradan, Kendi on Sefirot'unu kişiye gösterir: Ona tam olarak Yaradan'dan nasıl haz alabileceğini gösterir. Kişi, sadece hazzı değil, aynı zamanda hazzın kaynağını, Yaradan'ın dokuz Sefirot'unu hisseder. Bana yemek hazırlayan, bana haz veren bir ev sahibi görürüm ve aynı zamanda O'nun bunu neden yaptığını da görürüm ve O'nun niteliğini tanırım. Böylece kişi, hazzın orijinal niteliğine ek olarak, yani Malhut'a ek olarak, haz için olan diğer dokuz niteliği de edinir. Şimdi, kişi Yaradan için arzu duyar, tüm bu nitelikler aracılığıyla haz almayı arzular. Bu demektir ki, şimdi istediği haz farklıdır. Fakat nasıl farklıdır? Fark nerededir? Her nitelik beraberinde, farklı türde bir haz getirir: Yemekten, çocuktan, parkta yürüyüşten veya başka bir şeyden alınan haz gibi farklı hazlar. Bunun eş değerini tam olarak bu dünyada bulamayız, çünkü ne de olsa aynı haz, değişik paketlere sarılarak gelir, sadece farklı türde hazlardır. Fakat manevi dünyada belirgin farklılıklar vardır. Bu demektir ki, çeşitli şekillerde haz edinmenin mümkün olduğunu anlamaya başlarım, yani Malhut on ek Sefirot'a bölünür ve önünde on ek Sefirot'un olduğunu hisseder.

İlk dokuz Sefirot'tan haz alan Malhut nasıl onlara benzemeyi arzulamaya başlar? Her şeyden önce haz gelir ve haz, kabın bir numaralı önceliğidir. Dolayısıyla, daha yüksek bir manevi seviyeye yükselen ve bundan haz alan bir kap, aynı zamanda o seviyenin tüm niteliklerini de edinmek ister. Yani, örneğin, tüm hayatınız boyunca hayran olduğunuz birinin yanındaysanız, onun karakteristik davranışını benimser (hoşunuza gitsin ya da gitmesin) ve ona benzersiniz. Neden? Çünkü o sizden daha yücedir. Ona bağlısınızdır ve onun yakınlığı size zevk verir. Onun tüm niteliklerini edinmek, benimsemek istersiniz. Böylece otomatik olarak ona benzersiniz.

Öyleyse sonuç olarak bu mümkün müdür? Bu, Malhut'un algıladığı ilk dokuz Sefirot için de mümkündür. Fakat onuncu Sefira, yani Malhut'un kendisi, değişmeden kalır. Bu onuncu parçada, Yaradan'a, veren birine dair hiçbir hissiyat yoktur. Sadece basit bir haz hissiyatı vardır. Bu parçanın bağlantısız hale gelmesi ve muhafaza edilmesi gerekir. Son ıslaha kadar kullanılmaz. Bu onuncu parça, "taştan kalp"tir, yani kişinin özüdür. Kişinin doğal niteliğidir; haz için duyulan tutkudur. Diğer tüm parçalar bu derece egoist değildir. Onlar, Yaradan'ın niteliğinden etkilenmişler ve O'nun gibi olmuşlardır. Kişinin bu niteliği, haz için tutkusu, son Sefira'dır. Dolayısıyla aslında, kişi esas varlığını, kendi özünü ıslah etmez. Yaradan'ın ona kaybetme şansı verdiği alanı, yani O'na benzeme durumunu ıslah eder. Sadece bu alanda bir şeyler yapılabilir.

Kişi, Yaradan'ın yoktan var etmiş olduğu (yani yaratılanda var olan, ancak Yaradan'da var olmayan) kendi doğasıyla ilgili hiçbir şey yapamaz. Buna rağmen, onunla bir şeyler yapmak ve Yaradan tarafından ona verilmiş olan diğer tüm niyetlerle çalışmaya devam etmek ister.

Kişi, ne olursa yapmaya isteklidir ve işte bu yüzden Yaradan onun doğasını değiştirir. Bu, bir oyuna benzer: "Eğer sen gerçekten değişmek istediğini kanıtlarsan, seni ıslah edeceğim." Yaradan, kişiye ilk dokuz Sefirot'un doğasını verir, o bunları alır ve daha sonra Yaradan onun temel doğası olan onuncu Sefira'yı değiştirir.

Malhut ve Yaradan'ın ilk dokuz Sefirot'u arasındaki bağın başlangıcı, kişi Kabala çalışmaya ilk başladığında öğretilir. Bağ, ilk kısıtlamadan önce başlar. Ancak, kişi bu nitelikleri dünyamızda edinmeye başladığı zaman, bu farklı bir hikâyedir, çünkü dünyamızdaki bir kişinin ruhu, zaten bütün her şeyi kapsar. Eyn Sof (sonsuzluk) dünyası ve oraya gitmek için geçilen tüm manevi seviyeler, zaten ruhun içerisindedir. Aynı zamanda, ruh Eyn Sof dünyasından dünyamıza inen manevi seviyelere ait Reşimot'u (ruhani hafıza) kapsar. Reşimot, manevi bir gen, DNA gibi, hepimizin ve her birimizin ruhunun bir parçasıdır.

Öyleyse yol nasıl gelişir? Işık, yukarıdan üzerimize ışır ve önümdeki manevi seviyeyi aydınlatır ve ben o seviyeye yükselmeyi arzulamaya başlarım. Sonra, ışık bir sonraki seviyeyi aydınlatır ve ben bir sonraki seviyeye yükselmeyi istemeye başlarım. Yaradan, yavaş yavaş, dışarıdan, içeriden, her taraftan, bana Kendi niteliklerini sunar. Tüm manevi seviyeler tıpkı bir embriyo gibi içimizdedir. Yukarıdan ışıyan ışık, bir manevi seviyeden bir diğerine çıkmayı istememizi sağlar.

"Dünyada Hak'tan yana olup da, iyilik yapan ve günah işlemeyen bir kişi bile yoktur. (Ecclesiastes 7, 20)"

Bu şekilde birçok yazı vardır. Şöyle ki, Hak'tan yana olanın yolu manevi dünyanın seviyelerinde yükseliştir ve bu seviyelerin her birinde, kişi ek bir egoizm biriktirir, onu ıslah ederek özgeciliğe çevirir ve böylece Yaradan'ı haklı çıkarır. İşte bu yüzden, bu kişiye Hak'tan yana denir, çünkü o, Yaradan'ın haklı (adil) olduğunu hisseder.

Hiçbir seviye, sadece olumlu bir parça içermez.

Islah sürecinde, kişi olumsuz parçanın içinde, yani kötü arzular, kabuklar ve egoizm içinde olmalıdır. Kişi, egoizme gömüldüğü zaman, ona günahkâr denir, o günah işler. Daha sonra, ıslah aracılığıyla Hak'tan yana olur hale geldiğinde, iyi olanı yapabilir. Her kişi, Hak'tan yana olur hale gelene kadar defalarca günah işleyecektir. Dolayısıyla, her manevi seviyede bu böyledir. Eğer kişi günah işlemezse, Hak'tan yana olmasını sağlaması için ıslah edeceği hiçbir şeye sahip olmayacaktır.

İşte yol bu şekilde gider. Gördüğünüz gibi bunlar, dünyamızda kullanılan terimlerden tamamen farklıdır. Kabala bilgeliği, hepimizin ve her birimizin içindeki ruhun içsel süreçlerinden bahseder. Herkesin içinde, bir günahkâr ve bir Hak'tan yana olan vardır, ikisi de dönüşümlü olarak yer alır. Her manevi seviye bu bileşimi içerir. Dolayısıyla, her kim daha yükseğe çıkarsa, aynı zamanda daha derine düşer ve onun günahları daha kötüdür. Ancak o kişi daha sonra, daha da yükseğe yükselir. Kabala'da günahlardan korkmak söz konusu değildir çünkü kişinin ıslah olabilmesi için, her bir seviyede, seviyelerin tümünde önce günahlardan geçmesi gerekir. Şöyle yazılmıştır: "Zira dünyada Hak'tan yana olup da, iyilik yapan ve günah işlemeyen bir kişi bile yoktur." Günah, ıslahtan önce gelmelidir.

Günah işlemek ne demektir? Tamamen kendi egoizmimin cazibesine kapılmak, onunla sadece kendi egomu hissedecek derecede, tümüyle özdeşleşmek, bu durumdayken bilinçli olarak Yaradan'ı suçlamak ve sonra da bu durumdan yükselmektir. Ancak orada, bu durumdan, kişinin kendi niteliklerini ve niyetlerini olumlu yöne doğru ıslah etmeye başladığı andan, hâlâ net bir iz kalır. Aksi takdirde, orada bir ıslah olamazdı. Sadece ıslah olması gereken bir şeylere sahip kişi, ıslah edilebilir.

Dünyamızdaki insanlar, günahkâr ve Hak'tan yana ifadelerine dair farklı bir anlayışa sahiptirler, çünkü Yaradan onlar için daha ciddi bir çalışma amaçlamadı. Dolayısıyla, onlar tam bir ıslahtan geçemezler.

DÜNYA HAKKINDA

Bu dünya milyarlarca yıldır var olmuştur, ancak Kabala, dünyamızda genellikle saydığımız şekildeki bir 6.000 yıldan bahsetmez. Ancak, ruhun geldiği yere, yani kendi köküne geri dönüşünü tanımlayan 6.000 dereceden bahseder.

İbranilerin saydığı 6.000 yıl, ruhların düşüş ve yükseliş süresidir. 6.000 yılın sonunda, bütün ruhlar ıslah edilmeli ve kendi köklerine geri dönmelidir. Dünya, bu 6.000 yılın bitiminde kendi varlığını devam ettirecektir.

Zaman sadece içsel bir hissiyattır ve kendi başına var olmaz. Zaman hissiyatı, sebep ve etki yoluyla birleştirilen olayların öznel bir dizisidir. Baal HaSulam, Talmud Eser Sefirot'ta (On Sefirot'un Çalışılması), zaman ve mekân kavramlarının sadece biz insanlara ilişkin olarak var olduğunu, aslında zamanın var olmadığını yazar.

Kişi, sebep ve sonuç arasındaki bariyeri geçtiği ve manevi yükselişe başladığı anda, şimdi ve gelecek birbirine karışarak bir olurlar. Fizik kanunları bile, başlangıçtan önce sonun geldiği süreçlerin olduğunu keşfetmeye başlamıştır, yani zaman içimizde bulunan içsel, psikolojik bir kavramdır.

İnsanoğlu, kendi en yüksek halini, en yüksek noktasını keşfetmesi için yaratılmıştır. Bu amacın edinimi, kendimizi ne ile tanımladığımıza bağlıdır; ruhumuzla mı yoksa bedenimizle mi tanımlıyoruz? Bu, hayata ve bedenimize bakışımızı belirler.

Ruhlarımızın hepsi birbirine bağlıdır. Kişi, üst dünyayı keşfettiğinde, kendisi ve diğer ruhlar arasındaki bu bağlantının ne kadar güçlü olduğunu görür. Şu an görebildiğimiz tek şey bedenimizdir ve bu yüzden birçok bedenlere bölünmüş olduğumuzu düşünürüz. Fakat ruh, her birimizin içinde var olan bir yapıdır, aynı ruh hepimizin içindedir. Bu yüzden kişi, kendisini ruhuyla tanımlamaya başladığı zaman, kendisiyle diğer ruhlar arasındaki duvarlar yıkılır, çünkü kişi, tüm insanlarla ve halklarla (uluslarla) – kolektif manevi beden – birlikte ortak bir şeye sahip olduğunu görebilir ve hissedebilir.

Her şey en sonunda ıslah edildiği zaman, herkes tek bir kolektif ruha bağlanacak, bu bağı hissedecek ve onu yaşayacaktır. Eğer gelecekteki ıslah olmuş halimizi görebilseydik, bir kişi ile diğeri arasında hiçbir farkın olmadığını görürdük. Bu gerçek, kişi tarafından bilindiği zaman, onun dünyaya bakışını etkilemeye başlar.

Kabala, insanları "iyi" ve ahlaklı bir koşula getirmek için onlara bir zorlama uygulanmaması gerektiğini savunur. Fakat bu dünyanın gerçekten nasıl inşa edildiğine dair insanların gözlerini açmalıyız. Daha sonra onlar, doğal olarak, kendi egoist doğaları içinden iyiyi hissetmeyi isteyecekler ve bu yüzden birbirlerine zarar vermeyeceklerdir. İnsanlık, tam olarak bu duruma gelmelidir.

Bu dünyadaki her şey bir amaç için yaratılmıştır. **Hiçbir tesadüf yoktur.** Tüm dünyamız ve tüm evren, bedensel maddeden inşa edilmiştir, ancak üst manevi güçlerle hassas bir uyum içindedir. Her detay, güçlerden inşa edilmiştir ve her manevi güç, kendisine karşılık gelen maddesel bir objeye sahiptir. İşte bu yüzden, kişi maneviyatı çalışır, çünkü maneviyat, maddesel dünyanın köküdür. Kişi, her şeyin neden bu şekilde düzenlenmiş olduğunu anlamaya başlar çünkü dünyamızdaki her şey manevi dünyanın bir sonucudur.

Daha da ötesi, herhangi bir manevi güç, dünyamızdaki sonucuyla bağlantılıdır. İşte bu yüzden, manevi dünyaya yükseldiğimiz ve orada bir şeyleri ıslah ettiğimiz zaman, hemen bu dünyada ondan kaynaklanan sonucu değiştiririz.

İnsanlık tarihi boyunca, ilahi düzen etrafındaki dünyayı çalışması için kişiyi zorlamıştır. Hayvanların dünyayı algılamaya ihtiyaçları yoktur, yalnızca insanın basitçe var olması için etrafındaki dünyayı algılaması gerekir. İnsan, kendi durumunu iyileştirmek, artan nüfusu yaşatabilmek, bu nüfusu beslemek ve giydirmek için, kendini saran dünyaları keşfetmelidir. İnsan ilerlemeli, kendi yararı için doğadan nasıl faydalanacağını bilmek üzere bilimi geliştirmelidir. Bilim olmadan, insanlık hayatta kalamazdı ve bugüne kadar ilkel bir kabile topluluğunun seviyesinden daha öteye gidemezdi. İnsan, kendi kaderinin sahibi olduğu bir konumu edinmelidir. Doğa, onun bu hayvani seviyede kalmasına izin vermeyecek, dünyanın önderliğine aktif olarak katılması için onu zorlayacaktır. "İnsan" ve "hayvan" seviyeleri arasındaki temel fark budur.

Konvansiyonel bilimin aksine, Kabala, insanın sadece içsel ıslahın derecesine bağlı olarak manevi güçleri görmesine veya edinmesine izin verir. İşte bu yüzden, buna layık olmasanız da, ıslah edilmemiş olsanız da, "saf olmayan" niyetler olsa da, Kabala çalışmanıza izin verilmesinde hiçbir tehlike yoktur. Diğer bilimlerin aksine, Kabala'da hiç kimse, size iyi veya kötü olup olmadığınızı veya bu alana hangi amaçla girdiğinizi, edinmek üzere olduğunuz bu bilgiyi nasıl kullanacağınızı sormaz. Ancak, esas prensip kapıyı açmak, sizi içeri almak ve kendi adınıza bunu görmenize izin vermektir. Kabala'da, kişinin Yaradan'a ne kadar sadık olduğunu görmek için oluşturulmuş soruşturma komisyonları yoktur, fakat kişi, ıslah durumuna bağlı olarak ilahi düzene müdahale etme yeteneğini edinir. Kişi, sadece ıslah edilmiş nitelikleri ile ilahi düzene ait olmaya başlayabilir ve onun eylemlerine dâhil olur.

İşte bu yüzden, üst güçlerden fayda sağlamak ve onlara zarar vermek imkânsızdır. Bu, doğanın kendisiyle çelişir, yani herhangi bir zarara neden olma olasılığı hiç yoktur, çünkü niyetinizi daha iyiye doğru ıslah eder etmez, çok az bile olsa, tam da o ölçüde üst gücü edinebilirsiniz. Dolayısıyla, Kabala çalışmalarına dair hiçbir yasak yoktur. Bu çalışma asla zarar vermek için kullanılmaz ve insanlık tarihi boyunca böylesi bir hareketin tek bir tanıklığı yoktur.

Dünya liderleri bağımsız insanlar değillerdir, üst güçlerin yönetimi altındadırlar. Yaptıkları eylemler yüzünden kişisel olarak suçlanamazlar, çünkü öyle ya da böyle, yukarıdan verileni yapmaktadırlar - bizler tarafından da seçilmemişlerdir. İnsan, ancak maneviyata girdiği zaman seçme yeteneğine sahip olur. Fakat onun öncesinde insanlığın geri kalan kısmına benzer, "hayvan sürüsü" gibidir.

ZOHAR'A GÖRE REENKARNASYONUN AMACI

Zohar kitabı – karmaşık ve derin bir kitap – bütününde Kabala Bilgeliğini kapsar. Zohar, kişinin ruhu bedensel bir vücutta yerini bulduğu andan itibaren geçmesi gereken tüm yolu, bu bedenle maddesel dünyada yaşadığı zamanı, hayatını nasıl sona erdirdiğini, beden olmaksızın bir ruh olarak varlığını nasıl devam ettirdiğini ve bedenin tekrar bu dünyaya nasıl indiğini bizlere anlatır. Dolayısıyla, birçok yaşam döngüsü geçer ve tüm bunlara ruhun "reenkarnasyonları" deriz.

Zohar, bu reenkarnasyonların, bu dünyaya tekrar tekrar dönüşlerin amacının, kişiyi sadece şu anda yaşadığı dünyaya değil, tüm dünyayı tamamıyla hissettiği bir konuma götürmek olduğunu açıklar.

Zohar, sadece Kabalistlerin veya maddesel beden dışında var olan ruhların hissettiği, bizim dünyamızın dışında, çok daha geniş, başka bir dünyanın var olduğunu söyler. Kişi, aynı anda her iki dünyada yaşadığı bir duruma gelmelidir. Bu ona, kendi kaderine sahip olma, geleceğini planlama, biyolojik bedeninin yaşamından ve ölümünden etkilenmeme ve doğrudan kendi ruhuyla bağ kurma becerisini verir.

Zohar, her ruhun ayrı ayrı geçtiği yoldan ve de tüm ruhların insanlık olarak geçtiği yoldan bahseder. Bu yol, ruhun ilk kez bedene inişiyle başlar, ruhun tüm aşamalardan geçmesiyle devam eder ve ruh bedenle birlikte, kişinin tüm yaratılış sistemi içindeki varoluşunu hissettiği konuma geldiğinde biter. Kişi için, yaşam ve ölümün varoluşu sona erer ve o, bütün sonsuzluğun aktif bir parçası haline gelir. Bu, hepimizin gelmesi gereken durumdur.

Kabala bilgeliği, ruhların bedenlerimize inişinin 6.000 yıl sürdüğünü belirtir, yani yaklaşık 5771 yıl önce başlamıştır ve 229 yıl daha devam edecektir. Bu kalan yıllarda, ruhlar yaratılışın tüm sistemini edinmelidir ve o yüce varoluş formunda, kişi kendini bedeniyle değil de ruhuyla tanımlayacaktır.

Bütün Kabalistler, kitaplarında içinde yaşadığımız zamanın eşsizliği hakkında ve ruhların binlerce yıldan sonra, kademeli olarak nasıl dünyamıza indiğinden, dünyamızın bedenleri içinde kıyafetlendiklerinden, belli bir miktar deneyimi biriktirip tekrar üst dünyaya nasıl çıktıklarından bahsettiler. Daha sonrasında, yeni bedenlerde kıyafetlenmek üzere bu dünyaya geri dönerler ve bu böylece devam eder.

Böylece ruhlar, onları Kabala bilgeliğini çalışmaya getiren deneyimleri derece derece biriktirirler. Bu çalışma aracılığıyla üst dünyayı edineceklerdir. Kabalistlere göre bu, son Yahudi'nin (Yahudi: Karşı tarafa geçmiş anlamındadır, ırk veya millet anlamında değil) sürgünü sona erdiğinde olacaktır. 5755 (1995) yılı Kabalistler tarafından çok özel bir yıl olarak belirtilmiştir; tarihi köşe taşı olan bir yıldır, çünkü bu tarihten itibaren insanın dünyaya, Kabala bilgeliğine ve kendi kaderine olan ilişkisinde gerçek bir değişim başlar.

Bu değişim, insanın geçtiği evrim sürecinin bir sonucudur. İnsanı, yaratılışın liderliği ile bağlanmaya, yaratılış içinde aktif bir parça olarak yer almaya, tüm dünyanın sahibi ve koruyucusu olacağı aynı seviyeye yükselmeye zorlar. Eğer insan bunu arzulamazsa, o zaman yaratılışın kolektif yasası ıstırap ile bunu ona yaptırtacaktır. Onu, "Niçin yaşıyorum?", "Ne için varım?" gibi soruları düşünmeye, yaşamın amacını ve niçin bu kadar kötü yaşadığını sorgulamaya zorlayacaktır.

Böylece herkes bu önemli soruyu hissetmeye başlayacaktır. Bu soru, özellikle bize kaderimizi nasıl kontrol edeceğimizi düşündürterek bizi rahatsız etmeye başlayacaktır. Bu nesildeki insanlar, ruhlarının gelişim seviyesine göre, yaşamın amacını bilmek için büyük bir ihtiyaç hissettikleri bir duruma gelmeye yavaş yavaş başlıyorlar. Acı, ıstırap ve geleceğe dair güven eksikliği, bizi yaşamlarımızın anlamı üzerine düşünmeye zorluyor, İlahi Takdir hakkında öğrenmeye başlamamız onun en aktif parçası haline gelmemiz için bize baskı yapıyor.

Kabala bilgeliğinin bahsettiği şey budur ve bu metot insana, dünyamızda olan her şeyin daha yüksek bir dünyada nasıl oluştuğu ve oradan dünyamıza nasıl uzandığı bilgisini verir. Biz sadece, Yaradan'ın tasarladığı şekilde önümüzde açılan bir resmin tanıklarıyız.

Eğer kişi üst dünyayı hissedebilirse, ne olacağını önceden bilebilir ve en önemlisi, kendisine yukarıdan inecek olan şeyi bile belirleyebilir. Kabala çalışarak, yaşamının olaylarını nasıl etkileyebileceği bilgisini elde eder.

Kişinin belli bir durumla yüzleştiğini farz edelim – kişi, bu durumla kendisini nasıl ilişkilendirecek, doğru bir şekilde ilişkilendirmek ve böylece tepkisini yukarıya yükseltmek ve sonuçtaki olayların şimdikinden daha keyifli ve daha iyi olmasını sağlamak için ne yapması gerektiğini nasıl anlayacak?

Bu yüzden, Kabala bilgeliğinin bize sadece olacak şeye tanıklık yapmayı öğretmediğini, aynı zamanda gelecekte iyi sonuçlar üretecek şekilde karşılık vermeyi de öğrettiğini görürüz. Yol gösterme sistemi bu şekilde çalışır. Yani, kişi kendisinde ne olduğunu ve gelecekteki durumunu belirlemek için ne yapması gerektiği hissedebilir.

Böylesi bir kapasiteye gelebilmek sadece Kabalistlerin yazılarını çalışmakla mümkündür. Kabalistler, kitaplarını yazarken üst dünyada bulunan ve üst dünyayı hisseden insanlardır. Sonuç olarak, bir Kabalistin tamamen manevi dünyanın içine girmişken yazmış olduğu yazılar, belirli manevi eylemlere göre uyarlanmıştır. Dolayısıyla, onları okuyan ve ifade eden bir kişi, kelimelerin neden bahsettiğini anlamasa dahi – çünkü kişi manevi dünyanın içinde değildir – yine de, bilinçsizce olsa bile, onu derece derece arındıran ve okuduklarını görmeye ve hissetmeye başladığı duruma getiren üst gücü, üst ışığı kendi üzerinde uyandırır. Kabalanın özel kitaplarını okumak ve çalışmak, yavaş yavaş kişiyi üst dünyayı hissetmeye başladığı konuma götürür, çünkü bu çalışma buna dayanır. Kabalistlerin kitapları yazma nedeni de bizim gelişmemize yardımcı olmaktır.

Ancak her birimizin üst dünyayı edinmek için sadece küçük bir arzusu olduğu için, Kabala öğrencileri arzuları birleştirmek için bir grup oluşturur ve böylece üst ışığın onlar üzerindeki etkisini çoğaltırlar, grupla daha hızlı ilerlerler, yani üst dünyayı daha hızlı hissetmeye başladıkları durumu edinirler ve kendi kaderlerini yönlendirmeye başlarlar.

Nitekim tarih boyunca Kabalistler, Zohar Kitabı'nın yazarı Şimon Bar-Yohai ve kutsal ARİ gibi, Kabalayı gruplar halinde çalıştılar.

MANEVİ DÜNYANIN DİLİ

Eğer manevi dünyada bile duygularımızı birbirimize ifade edemiyorsak maneviyatı tanımlamak için dili nasıl kullanabiliriz? Nihayetinde manevi dünya, bir arzular dünyasıdır, zaman ve mekânı kapsamaz, sadece maddesiz arzuları kapsar. Ayrıca, Kabalistler bizlere bu duyguların çok kesin olduğunu ve bu yüzden onları tanımlamak için tam ve doğru bir dil gerektiğini söylerler.

Kutsallığa dair böylesi incelikli gözlemleri ve doğru kavramları, kendi dilimizde nasıl ifade edebiliriz? Manevi dünyanın tanımı, insan ruhunun tanımıdır. Ruhun Yaradan'a yakınlaşma evrelerini ve insanın duygularında artan yoğunluğu tanımlar. Kabala, kolektif ruhu parçalara böler, her parçaya niteliklerine göre bir isim verir ve dış dünya ile onlar arasındaki ilişkiyi tanımlar.

Bu, Kabala dilinin gücüdür. Kabala, duyguları doğru bir şekilde tanımlar, bunun için tablo, grafik ve formül de kullanır. Kabala bilgeliği için, ruhun mühendisliğidir diyebiliriz. Ancak, dilimizi böyle net bir şekilde kullanmak için dilimizdeki hataların üstesinden nasıl gelebiliriz?

Ruh halinize bir işaret vermeyi deneyin, onu grafiksel olarak başka birinin ruh hali ile karşılaştırın, duygularınızın tüm derecelerini numaralarla ifade edin: güven eksikliği ve tükenmişlik arasındaki bağımlılık, açlık hissettiğiniz zamanki ruh haliniz, gün içindeki korkuların gücü gibi. Dünyamızdaki duyguları tam olarak ölçemeyiz. Örneğin, sıcak bir bedene dokunma ile beynin buna verdiği tepki arasındaki ilişki, diğer şeylerle birlikte, ruh hali, fiziksel sağlık gibi faktörlere bağlıdır. Müzikten veya sevdiğimiz bir yemekten aldığımız hazzı, yüzde hesabıyla yapamayız. Eğer dilimiz bu kadar yetersiz, öznel ve kusurluysa, Kabalistler manevi eylemleri tanımlamak için neden bu dili benimsediler? Neden özellikle bu amaca uygun, özel bir dil bulmadılar?

Örneğin, sıradan bilimde bir terimin yanlış kullanımıyla birlikte yanlış anlamalar ortaya çıkar. Bu bilimin dilini bilen bir uzman, sonuçların nereden çıkarıldığını anlamayacak ve sonuçla yanlış ilişki kuracaktır. Bu dili bilmeyen bir kişi ise, onu doğru olarak kabul edecek ve hatalar yapacaktır. Aynı durum Kabala bilgeliği için de geçerlidir: Kişi, manevi dünyalarda oluyormuş gibi görünen şeyleri dünyamızın kelimeleriyle tanımlamaya başlarsa veya kendi terimlerini oluştururursa herhangi bir güvenirlik seviyesinden bahsedemeyiz.

Bu nedenle Kabalistler, Kabala'nın dili olarak "dalların dilini" seçtiler. Bu dil, şu duruma dayanır: Dünyamızdaki tüm yaratılış – cansız, bitkisel, hayvansal ve konuşan – ve onlara geçmişte, günümüzde ve gelecekte olan her şey, özgün nesneler ve onların davranışları olarak tüm yaratılış, yani hepsi Yaradan'a bağlıdır ve dünyamızda belirene kadar tüm manevi dünyalardan geçerek aşağıya inerler. Tüm bu şeylerin önderliği, dünyamıza gelene kadar sürekli olarak yukarıdan aşağıya doğru yenilenmektedir. Dünyamızdaki her şey, zorunlu olarak üst dünyayla başlar ve sonra aşama aşama dünyamıza iner. Dünyamızdaki her şey, üst dünyanın bir sonucu olduğu için kökü üst dünyada olan neden ile onun dünyamızdaki sonucu arasında özel bir bağ vardır. Kabalistler, üst dünyadaki kök ile bu dünyadaki dal arasındaki bağı bulan kişilerdir. Onlar, tam olarak neyin ne ile bağlandığını söyleyebilirler çünkü o bağın geldiği üst kökü ve üst kökün sonucu olan dalı görürler. Bu dal, bilmeyerek üst kökten almaktadır ve onun tarafından yönetilmektedir. Bu nedenle Kabalistler kökleri dünyamızdaki maddesel sonuçlarına (dallara) göre belirleyebilirler.

Kabala'nın, "dalların dili" ve "köklerin dili" adlarını almasının nedeni budur. Üst kök, daldan sonra adlandırılır; diğer türlü değil. Bu şekilde Kabalistler, manevi dünyayı tam olarak tanımlayan dili bulurlar. Manevi dünyayı bizim dünyamıza, bizim anlayabileceğimiz kelimelerle bağlayabilen tek dil budur.

Buradan, Kabala kitaplarıyla ve Tora'nın bütünüyle, nasıl ilişki kurulacağına dair esas bir kanun çıkar: Her zaman için, Kabala kitaplarındaki kelimelerin sadece dünyamızın kelimeleri olduğunu, ancak dilimizde alıştığımız şekildeki yorumlar olmadığını hatırlamalıyız. Bu kelimelerin arkasında, hiçbir şekilde dünyamıza ait olmayan, manevi anlamlar, kökler durur. Asla kafa karışıklığı olmaması için, bunu daima hatırlamalıyız.

DİĞER DÜNYAYI HİSSETMEK

Manevi kavramlar, zaman, mekân ve hareketten bağımsızdır. Bu yüzden de onları gözümüzde canlandıramayız, çünkü hissettiğimiz her şey, zaman, mekân ve bir tür hareket çerçevesinde var olurlar. Örneğin, evrenimiz belli bir boşluğun içindedir. Eğer her şeyi evrenin dışına aldığımızı hayal edersek geriye ne kalacaktır? Maneviyatta hiçbir beden, zaman, mekân ve hareket yoktur. Bu yüzden, duygularımızın veya doğamızın yapısıyla maneviyat arasında ortak hiçbir şey yoktur. Hissedemediğimiz şeyleri inceleyebilir miyiz? Eğer Kabala'nın bahsettiği konu, duyularımız tarafından anlaşılamıyorsa, neden Kabalistler Kabala'nın bir bilim veya ilim olduğunu söylüyorlar? Hayal bile edemediğimiz şeylerden nasıl bahsedebiliriz? Eğer maneviyat hayal etmeye başlayamadığımız bir şey ise, Kabala kitaplarında yazılanları nasıl anlayabiliriz? Kabalistler, her şeye rağmen, bu dünyanın terimleriyle nasıl bunu açıklarlar?

Kabalistler, diğer dünyayı hissetme fırsatı kendilerine bahşedilmiş olan insanlardır. Sadece diğer dünyayı gören, hisseden ve anlayan kişilere Kabalist denir, çünkü onlar, bilgi ve hissiyatı "o" dünyadan alırlar.

Fakat biz zaman, mekân ve hareket dışındaki hiçbir şeyi, yani manevi dünyayı hissedemediğimiz için, bir kör gibi yaşıyoruz.

Sanki manevi dünya, duygularımızla bağ kurmadan mevcut gibidir. Ancak o dünya buradadır! Zamansız, mekânsız ve hareketsiz bir dünyayı hayal edemesek de, her şeye rağmen, bu terimlerin manevi dünyada var olmadığı gerçeğini kabul etmeliyiz. Fakat o zaman nasıl manevi dünya hakkında bir şey söyleyebiliriz? Eğer dünyamızda sahip olduğumuz şeylerin hiçbiri, manevi dünyada bulunmuyorsa, bir Kabalist manevi dünya hakkında nasıl bize bir şeyler anlatabilir ki? Nihayetinde, dünyamızı sadece zaman, mekân ve hareket ile hissediyoruz ve tüm terimlerimiz beş duyumuzdan kaynaklanıyor. Kelime dağarcığımızı bu şekilde yaratıyoruz. Kişisel ve özel olan hislerimizi ölçemeyiz, bunun iyi veya kötü, yeterli veya az olup olmadığını bilemeyiz. Bütün bunları, ölçüm sırasında kişisel arzularımızla karşılaştırarak, mutlak değerlerden yoksun olarak, kendimize göre ölçeriz.

Ayrıca, tecrübelerimizden biliriz ki, hislerimiz değişebilir ve hayattaki her yaratılan, kendi dünyasını farklı hisseder. "Kendi dünyası"nı sözlerini özellikle vurguluyorum, çünkü her birimizin kendi dünyası vardır ve duygularımızın ne kadar benzer olduğunu göremeyiz ve kıyaslayamayız. Tüm yaratılanlar, cansız, bitkisel ve hayvansal olanlar, dünyayı farklı hissederler. Bilim adamları, her tür hayvanın kendi duyu yapısı olduğunu keşfettiler, bütün türler dünyanın tamamen farklı bir resmini görürler. Örneğin, eğer dünya dışı canlılarla ilişki kurabilirsek, dünyaya dair izlenimlerimizi nasıl kıyaslarız? Tüm söylemimiz, ne hissettiğimiz üzerine kurulmuştur, her nesneye dair bilinçaltımızdaki "iyi ve kötü" değerleri içerir. Kendimizi nasıl hissettiğimize bağlı olarak, bir şeyin "iyi" veya "kötü" olduğunu ifade ederiz. Bu durum, bizim sistemimiz için yeterlidir; birbirimizi anlarız.

Biz sadece, kültür, düşünce veya hayat tarzı farkının ortak anlayışa dayanan genel bir anlaşmanın sınırlarını aşmadığını hissedersek sohbet edebiliriz. Fakat hissedebildiğimiz şey sadece hayal gücümüzün bir uydurması olsa bile, kişisel izlenimlerimiz yüzünden duyularımız üzerinde sınırlamalar vardır ve bunların ne kadar mutlak olduğunu anlatacak bir yol yoktur.

Örneğin, görme gücümüz, gözlerimizde bir etki görür, sonra bu sınırlı ve kişisel izlenim kafamızda ters döndürülür ve zihnimizden bize gelen, zaten bizim dışımızda var olan bir şeymiş gibi hissedilir. Görebildiğimiz her şeyi bu şekilde algılarız.

Diğer tüm dışsal izlenimler de kısıtlanmışlıklarına bağlı olarak duyularımıza göre kabul edilirler. Dıştaki dünyanın içimizde olduğunu bilemiyor ve bunu hissedemiyoruz. Duyularımız üzerindeki etkisi sadece belli bir miktar oluyor, ancak bu da, hissedilen bazı dışsal faktörler üzerine duyularımızın yansımasından başka bir şey değildir. Dolayısıyla, sadece kapalı bir kutu olduğumuzu fark ederiz ve bu kutu sadece hissettiği bazı dışsal faktörlere tepki gösterir. Güzel, zengin ve yaratıcı olan dilimizin, realitenin sadece bir şekilde etkilendiğimiz küçük bir kısmını tanımladığını anlamalıyız. Fakat eğer durum böyle ise manevi dünyanın çeşitli anlayışlarını, dünyaya dair bireysel hissiyatları temel alan kendi dilimizde nasıl tanımlayabiliriz? Dünyamızdaki, maneviyata en yakın görünen, en güzel kelimeyi - ışık - alsak bile, onun da güneşin ışığı veya aydınlanmış bir akıl gibi dünyevi fikirlerden bahsettiğini görürüz, fakat bunların Kutsallık ile hiçbir ilgisi yoktur.

Bu arada, ışık, tüm fiziksel teorilere rağmen, dünyamızda en fazla yanlış anlaşılan kavramdır. Rambam, tüm evrenimizin ışık hızının altında olduğunu ve bu hızın üzerinde başka bir dünya olduğunu yazmıştır. Bu kelimenin başka bir açıklamasında, onu haz veya aklın ışığı olarak tanımlarız. Fakat eğer kelimelerimi duygularıma göre seçer ve bunları bir başkasına aktarırsam ve o başkası da bunları kendi anlayışına göre yorumlarsa, aynı kelimeye atfettiğimiz hissiyatları nasıl kıyaslayabiliriz? Duyulara ait kelimelerimizi kıyaslayabilmek için ortak temel nedir? Hislerimizi tam bir kesinlikle kıyaslayamadığımız için (psikoloji ve psikiyatrinin bu anlayışa gelip gelmeyeceğini kim bilir), bu terimleri bizim için taşıdıkları hisleri kıyaslamadan kullanmaya mecbur bırakıldık. Benim duygularımın seninkiler ile aynı olması gerekmiyor. Yaptığım şey senin içinde de benzer bir şey uyandırır... Kabalistlerin tüm dili budur.

KABALİSTLERİN DİLİ

Kelimeler ve harfler, manevi bir nesneye ve onun eşiz durumuna işaret eden bir kod sağlarlar. Bir Kabalist, diğer bir Kabalistin yazdığını okuduğunda, o metni yeniden kurabilir ve Kabalist dostunun tam olarak ne demek istediğini hissedebilir; tıpkı bir müzisyenin, kendisinden 500 yıl önce yaşamış başka bir bestecinin müzikal parçasını notalarla yeniden kurması gibi, ya da matematiksel işaretleri numaralarla göstermemiz gibi.

Bu dünyanın dışından bir yaratıkla karşılaştığımızı varsayalım ve bizim dilimizi konuşsun, yani bizim kelimelerimizi kullansın, ama onlara verdiği anlam tamamen farklı olsun. Ona hâlâ "bizim dilimiz" diyebilir miyiz? Onu öğrenmek için, bu tanıdık kelimelerle ne demek istediğini bilmemiz gerekir. Kabalistler, bizim dilimizi kullanarak bilgiyi birbirlerine aktarabilirler, fakat kelimelerin içinde bir hissiyata, harekete veya "doğru" sonucun edinimine işaret eden tamamen farklı bir anlam vardır. Bunun sebebi, Kabalistlerin ortak hislere ve bu anlayışlar için ortak bir temele sahip olmalarıdır. Bizim dünyamızda onların dili, dalların dilidir ve her isim sembolize ettiği özel bir manevi nesneye işaret eder.

Kabalistler, bizim dünyamızdan bir isim aldıkları zaman, onun arkasında duran üst dünyadaki kökü çok net görürler.

Kabalistlerle bizim aramızdaki tüm fark bundadır. Kabala kitaplarını okuduğumuzda, gözümüzün önünde bu dünyadan resimler canlanır. Bu resimler, bunları yazan Kabalistin demek istediğinden tamamen farklıdır. Oysaki bir Kabalist bu kitabı okuduğunda, kelimelerde üst dünyanın manevi köklerini görür. İşte bu yüzden, Kabala kitaplarında sık sık manevi terimler için uygun görünmeyen kelimeler buluruz; öpücük, çiftleşme, kucaklama, vajina, rahim gibi. Elbette bunların manevi anlamları bizim dünyamızda bu kelimelere atfettiğimiz manevi anlamlar değildir. Kabala bilgeliğine yabancı olan bir kişi bile bu alanın bizim mantığımızın üzerinde olduğuna kolaylıkla katılacaktır. Bizim anlayışımıza göre, maneviyat böylesi basit, egoist arzulardan ve dünyevi bir dil kullanımından oluşamaz. Öyle ise, nasıl oluyor da günlük hayatımızda dahi neredeyse hiç kullanmadığımız böylesi "kaba" ifadeleri orada buluyoruz?

Kabalistler, manevi nesneleri tanımlamak için dalların dilindeki kelimeleri bir kere seçince daha sonra bir kelimeyi başka bir kelimeyle kendi diledikleri gibi değiştiremezler. Üst kökleri tam olarak belirten kelimeler kullanmalıdırlar ve bir tek kelimeden dahi sadece uygunsuz veya kaba göründüğü için vazgeçemezler. Nasıl ki iki saç teli aynı kökten büyüyemezse, iki dal da aynı manevi kökten gelemez. Yaratılanların her biri ve hepsi kendi üst köklerine sahiptir ve bu kökler bir başkasıyla değiştirilemez.

Dünyamızdaki her nesnenin aynı adı taşıyan bir üst kökü vardır. Nasıl ki dünyamızda aynı adı taşıyan iki ayrı yaratılan olmuyorsa, aynı adı kullanan iki farklı kök de olamaz, çünkü en azından bir şeyde farklıdırlar, yoksa bir ve aynı olurlardı. Her nesne veya doğa olgusu özel bir isme sahip olmalıdır ve bir kez ona bu isim verilmişse, artık başka hiçbir isimle çağrılamaz.

Eğer bu "müstehcen" kelimeleri başka kelimelerle değiştirmiş olsaydık, kelimenin üst kökü ile dalı arasındaki sıkı bağlantıyı kırmış olurduk. Hangi manevi nesneyi hangi yazılı kelimeyle ilişkilendireceğimizi bilemezdik, çünkü kök ve dal arasında böylesine mükemmel karşılıklı bir ilişki, bu dünyadaki başka hiçbir bilimde yoktur. Kabalistler, bu kökleri edinen insanlardır; kökü aşağıdaki dalına bağlayan ama bizlerin göremediği "bağları" çok net görürler.

Yaratılışın başlangıcından sonuna kadar, bir ıslah ve yücelme süreci devam etmektedir. Bu süreç, bir plana göre üst dünyadan aşağı iner ve her şeyi bizim için belirler. Yaratılanların her biri ve hepsi bu kolektif süreç içinde kendi yoluna gider ve hiçbir "Ben" bu süreç içinde kaybolmaz, farklı formlar alabilir, ancak her zaman devam eder.

Şüphesiz böylesi karmaşık bir sistemde, bir ismi başka bir isimle değiştiremezsiniz. Doğru ve kesin bir "dil kodu" seçmek için, o isim her koşula uygulanabilir olmalıdır, yani özgün Kabala kitaplarında olduğu gibi her zaman üst kökünü işaret eden kelime kullanılmalıdır. Bu kitapları yazmış olan insanlar, kökleri edinmişler ve öyle yüksek manevi seviyelerde bulunmuşlardır ki tüm bunlara kesin tanımlar vermişlerdir. Bu yüzden, onların kullandığı dil, üst dünyaları mutlak bir kesinlikle tanımlar. Bu açıklamadan öğrendiğimiz şudur: Kendilerini "Kabalist" diye tanıtan ama gerçekten Kabalist olmayan kişilerin yazdığı kitaplar değersizdirler ve doğru yolu anlaması ve bu yolda ilerlemesi konusunda okuyucuyu sadece yanıltırlar ve saptırırlar.

Kabala kitaplarında karşılaştığımız tüm terimler örneğin, öpücük, çiftleşme, kıyafetlenme, uzantı, et, sünnet ve benzeri, hepsi üst köklerden bahseder ve hiçbir şekilde dünyevi süreçler hakkında değildir. Bu kelimeler sadece, bizim dilimizde o üst köke işaret edecek başka bir kelime bulmak imkânsız olduğu için kullanılmıştır, yoksa üst köklerdeki süreçler bir şekilde bu dünyadaki süreçlere benzediği için değil. Yüce bedenlerin çiftleştiğini veya öpüştüğünü kafamızda canlandırmamalıyız.

Bu sebepten ötürü, Kabala kitaplarını okumak kelimeleri manevi dile nasıl çevireceğini bilmeyen bir kişi için çok zordur ve bu durum Tora için de geçerlidir. Efsanelerde, Tora'da ve hepsinin içinde de en fazla Şarkıların Şarkısı'nda (anladığımız kadarıyla bu kitap sevgiden bahseder gibi görünür), kelimelere atfettiğimiz sıradan anlamları ile onların manevi anlamlarını birbirinden ayırmak çok zordur, çünkü kelimelerle duygularımız arasında zaten çok sıkı bir bağ vardır. (Bu arada, ana dili İbranice olmayanlar için durum daha kolaydır, çünkü onlar İbranice kelimeler ile kendi duyguları arasında direk bağ kurmazlar.)

Zaman içinde, öğrencideki bu çağrışım kırılır ve öğrenci yavaş yavaş dalların dili arkasında duran manevi anlayışları hissetmek için yaptığı çalışmaya ve çabalara bağlı olarak yeni bir bağ oluşturur. Kutsal kitapların sıradan okuyucusu bildiği kelimelerin tanıdık anlamlarından kendini kolaylıkla özgürleştiremez, aslında bu kelimeler onun tamamen bilmediği şeyler için durur. Tüm sorun, Tora'nın sadece bir avuç insan tarafından doğru şekilde anlaşılmış olmasıdır. Gerçi Tora şöyle der: "Bütün Tora, Yaradan'ın adlarıdır." Ancak, bu ne demektir?

Bir nesneyi, onun niteliklerine göre, o nitelikleri edindikten ve özünün ne olduğunu tam olarak anladıktan sonra adlandırırız. Bir Kabalist, hislerinde manevi dünyaya yükseldiği zaman, Yaradan'ın ifşasını, O'nun hareketlerini, O'nun niteliklerini, O'nun Kendisini hissetmeye başlar ve bu duruma dair kendi hissettiklerini adlandırır. Sadece Yaradan'ı hissedebilen bir kişi O'nu adlandırabilir. Ad, bir kitap okumanın sonucu değildir. Bir Kabalist, Yaradan'ı bizim bu dünyada herhangi bir şeyi hissettiğimiz kadar hissettiği zaman O'nu adlandırır.

Bu nedenle, "Tüm Tora Yaradan'ın adlarıdır" ifadesi, Tora'nın ifşası sadece kendi manevi hissiyatlarında yukarı tırmananlar ve Yaradan'ı hissedebilenler içindir anlamına gelir.

Kabalistin aldığı ışığa, Tora denir. Sadece kökleri edinmiş insanlar, yani Kabalistler, Tora'da kullanılan kelimelerin arkasını kolaylıkla görebilirler.

Tüm kutsal kitaplarımız da bu şekilde yazılmıştır ve bu yüzden kutsaldırlar. Bu kitaplar, Kutsallıktan ve Yaradan'ın dünyasından bahsederler.

Bir Kabalist, edindiği en üst seviyeden sonra adlandırılır, yani Yaradan'a dair edindiği en üst ifşa onun adını tanımlar. Örneğin, bir Partsuf'un (ruh) baş kısmında olan bir tür ışıktan sonra adlandırıldığını öğrendik. Eğer bu erdemlik ışığı ise, o erdemliğin (Hohma'nın) Partsuf'udur. Eğer baş kısmı merhamet ışığını içeriyorsa, ona Partsuf Bina denir. Bizim dünyamızda da kazandığı en büyük başarıdan sonra bir kişiyi adlandırırız: Profesör, Doktor vb.

Kabala kitaplarını anlamak neredeyse imkânsızdır, çünkü onlar dünyamızın terimleriyle yazılmıştır. Yaradan'ın yarattığı ilk adam hakkında hırsız olduğu söylenmiştir; Musa'nın eşi hakkında "ucuz kadın", Laban (gerçek erdemlik ışığı, üst ışık) hakkında "dolandırıcı". Açıkçası, bu tanıdık kelimelerin arkasındaki gerçek manevi anlamı anlamıyoruz. Her dilin kendi manevi kökü vardır, dünyamızdaki her şeyde olduğu gibi, fakat bir manevi kök ile diğeri arasında kesinlikle bir fark vardır. Son ıslahta bu manevi farklılıklar kaybolacaktır, fakat o zamana kadar daha az veya daha çok önemli olan üst ve alt kökler vardır.

Dünya, manevi bir piramit olarak inşa edilmiştir ve son ıslaha kadar manevi dünyayla olan ilişkide hepimiz eşit değiliz ve manevi ıslah ile uğraşan bir kişinin durumunu onun görünümüne bakarak tanımlayamayız. Manevi dünyaya girmeye yakınlaşmış olan bir kişi, daha kötü bir karaktere sahip olabilir fakat kendi niteliklerini ve doğasının alçaklığını daha iyi tanır. Manevi dünyaya girişten daha uzak olan kişiler ise daha hoş niteliklere sahiptirler. Sadece kendi manevi ıslahları için çalışan insanlar hakkında konuştuğumuzu hatırlamalıyız. Kabala çalışmayan bir kişi hakkında söylenecek hiçbir şey yoktur, çünkü onlar kendilerini kıyaslayabilecekleri herhangi bir manevi ölçeğe sahip olmadıkları için, henüz hiçbir şeyi gerçek olarak hissedemiyorlar. Bu yüzden, üst köklerin maneviyatı ile dünyamızdaki dallar arasında fark vardır. Öyleyse, herhangi bir dil dalların dili olarak seçilip alınabilir mi? Aslında, her dil kendi üst köküne sahiptir, fakat İbranice, manevi kodunu bildiğimiz tek dildir. Dünya, İbranicenin harfleri içinde yaratılmıştır ve kelimelerin her biri ve tümü nesnenin özünü ifade eder.

İşte bu yüzden, Tora İbranice olarak verilmiştir. Üst dünyada harfler yoktur, fakat manevi nitelikler bizim için İbranice harflerin formunda tarif edilmiştir.

Yüce Kabalist ARİ, manevi dünyayı on Sefirot aracılığıyla tarif etti. Manevi dünyada gerçekleşen her şeyin sebebini perde ve üst ışık aracılığıyla aktardı. Bu, her kişinin Kabala çalışmasını sağlar. ARİ'den önce bütün kitaplar efsaneler veya Midraş dilinde, yani Zohar'a benzer bir dilde yazılmıştır. O zamana kadar Kabalistler, manevi dünyada gördüklerini bir hikâye gibi anlatan kitaplar yazdılar. Işığın yukarıdan aşağıya doğru uzantısıyla veya kabın içindeki beş safha ile onun üzerine geçirilen perde aracılığıyla orada gerçekleşenlerin bilimsel bir tanımlaması olarak yazmadılar. ARİ'nin erişmiş olduğundan daha yüksek seviyelere erişen Kabalistler olduğunu kesinlikle söyleyebilirsiniz, ancak ARİ tüm Kabala bilgeliğini bizlere aktarmak için yukarıdan izin verilen ilk kişiydi. Baal HaSulam (Kabalist Yehuda Aşlag) ARİ'nin yazılarında bulunan ve zaman, mekân ve hareket terimlerinden ayrılması gereken tüm kavramları yorumladı.

Öyleyse Baal HaSulam, maneviyatın materyalleşmesine hiç yer kalmayacak şekilde dili o derece nasıl arılaştırdı? O, "sadece" on Sefirot'u açıkladı ve daha fazla bir şey yapmadı. İlk dokuz Sefirot, Yaradan'ın yaratılanla nasıl ilişki kurduğunu tarif eder ve son Sefira Malhut'tur, yani yaratılanın kendisidir. Tüm yaratılış içerisinde Yaradan'ın yaratılanı kapsamasından başka hiçbir şey yoktur.

Bir sonraki örnekte, dalların dilinin ne olduğunu daha iyi anlamaya çalışacağız. Örneğin, bilim adamları dış dünyanın kişi üzerinde yarattığı etki seviyesini ölçtüler. Bunu kişinin duyu organlarına ve reaksiyonu algılama kabı olan kalbine bağladıkları âletler aracılığıyla yaptılar. Bu şekilde, kişinin içsel reaksiyonları ile dışsal uyarıcılar arasındaki bağlantıyı açıklayan grafikler ve tablolar oluşturdular. Daha sonra, elektrik sinyallerinin kaynağını kişinin vücuduna bağladılar ve bu sinyalleri sanki gerçek bir kaynaktan geliyormuş gibi kişinin zihnine gönderdiler. Kişi hiçbir değişiklik hissetmedi, aktif bir kaynak vasıtasıyla gelmiş gibi sinyalleri aldı. Bu deneylere teknik isimler verdiler; bu veya şu sinyali gönderdiğinde şu veya bu reaksiyonu alırsın. Böylece bilimsel sözlük oluştu. Kabalist bilim adamları da bu şekilde çalışırlar. Yaradan'ın ışığının (tüm duygularımızın tek kaynağı) kendi üzerlerinde yaptığı etkiyle deneyler yaparlar ve daha sonra kendi reaksiyonlarını tarif ederler.

Kabalist, hem araştırmacı hem de araştırılan bir varlıktır. Bu yüzden, hislerini müzik ve şiirde olduğu gibi sadece duygusal ifadeler aracığıyla değil aynı zamanda kesin bilim terimleriyle de tarif edebilir. Dolayısıyla, Kabala'ya "gerçeğin bilgeliği" veya "gerçeğin Tora'sı" denir.

Dünyamızda, henüz manevi dünyayı edinmemiş bir kişinin kalbinde, "kara nokta" denilen bir manevi kap vardır. Bu manevi nokta, fiziksel olarak kalpte değildir ama sadece kalp aracılığıyla hissedilir. Eğer kişi Kabala'yı doğru hocalarla çalışırsa yavaş yavaş bu noktayı tam bir kap haline, yani manevi bir Partsuf'a dönüştürmeye başlar. Kişi, bu noktayı genişletir, şişirir ve onun içinde bir alan açar. Daha sonra bu alana manevi ışığı – Yaradan'ın hissiyatını – alacaktır. Yaradan'ın hissiyatına "ışık" denir ve manevi Partsuf ise ışığı alabilecek "kap"tır. Partsuf'un genişliği Kabalistin manevi seviyesini belirler. Kabala'da bir isim, örneğin Musa, Kabalist Musa'nın edindiği seviyeyi gösterir. Bu seviyeyi edinen herhangi bir kişi de bu isimle anılır. Kabala, fiziksel bedenin tanımıyla hiçbir şekilde ilgilenmez. Bir Kabalistin manevi seviyesinin durumunu sadece Yaradan'ın ifşasının ölçüsü belirler. Kabalist, Kabala kitaplarını okuduğu zaman kendini manevi olarak yükseltmek için ne yapması gerektiğini bilir.

Manevi bedeninde gerçekleştirdiği hareketlere "Mitsvot" (sevaplar) denir. Bunlar manevi eylemlerdir, yani "Yaradan'ın arzularıdır" ve kişi ışığı edinmek ve Yaradan'ı hissetmek için bunlara uyar.

İşte bu yüzden, Baal HaSulam'ın kitapları manevi kavramları cisimleştirme tehlikesi olmadan, birbirini etkileyen fiziksel nesneleri akılda canlandırmadan çalışılabilir. Manevi dünyayı, Mitsvot'un mekanik işleyişiyle etkilemeyiz. Fiziksel eylemlerimizle manevi dünya arasında hiçbir bağ yoktur. Putperestliğin ciddi şekilde yasaklanması insanların bir ahşap veya taş parçası önünde eğilmesini değil, maneviyatın cisimlenmesini önlemek içindi. Böyle şeyler bir tartışma konusu bile değildir. Putperestlik, manevi terimlerin cisimleştirilmesidir, sanki manevi güçler bedenimize veya bir et parçasına bürünmüşler gibi. Bu tehlike yüzünden, Kabala çalışması yasaklanmıştı. Ancak, Baal HaSulam bu bilgeliği kitaplarında öyle bir şekilde aktardı ki manevi kavramları cisimlendirmeyen herkes Kabala çalışabilir. Onun zamanından önce, insanlar Kabala'yı kabul etmeye henüz hazır değildi ve bu yüzden Kabala gizlenmişti. Aslında, insanoğlunun gelişiminin amacı, insanlığı hissedemediğimiz ve göremediğimiz ama yüce olan şeylerin de var olduğunu anlama, zaman ve mekân ötesinde bir varoluş olabileceğini hissetme noktasına götürmektir.

Bu, insanoğlunu, maneviyat gibi hissedilmeyen ve tarif edilemeyen bir şeyin her şeye rağmen var olduğu düşüncesine hazırlayacaktır. Şu ana kadar kolektif tecrübemiz o kadar arttı ki her şeyin mümkün olduğunu kabullenmeye eskiye nazaran daha fazla istekliyiz.

ARZUNUN GELİŞİMİNDE DÖRT SEVİYE

"Panim Meirot Umasbirot" (Yüzdeki Nurun Yansıması) kitabının Önsözü

Yaradan, arzuyu yarattı. Alma arzusu dışında, başka hiçbir şey yaratmadı. Kabala'da buna, "alma arzusu" denir ve anlamı, haz almaktır.

Dolayısıyla, var olan her şey Yaradan'dır ve O'nun yarattığı haz alma arzusudur. Fakat neyden haz alınacak? Yaradan'ın Kendisinden! Yaratılanların Yaradan'ı hissedişi haz hissiyatı ile eş anlamlıdır. Kabala, bu hazza "ışık", alma arzusuna ise "kap" der. Yani, Yaradan ve yaratılan, alma arzusu ve haz, ışık ve kap vardır.

Dünyamızda, ışığı almak için duyulan manevi arzu dört seviyeye ayrılır: cansız, bitkisel, hayvansal ve konuşan (insan). Işığı alma arzusunun düzeyi ve şiddeti bir seviyeden diğerine değişir.

En düşük güç, cansız seviyededir. Bu seviyede arzu o kadar küçüktür ki hiçbir hareket başlatılmamıştır. Yaratılış, bu seviyede bile bir şeyler hisseder, çünkü eğer yaratılmış ise, o zaman içinde bir alma arzusu vardır, fakat bu arzu hiçbir şekilde ifade edilmemiştir, çünkü gücü çok düşüktür.

Haz alma arzusunun ve egoizmin olumlu ve olumsuz sonuçları manevi arzunun gücü ile örtüşür. Bu yüzden, cansız nesnenin hiç kimseye veya hiçbir şeye zararı veya yararı dokunamaz, çünkü hareketsizdir.

Bitkisel seviyede, ışığı alma arzusu daha fazla gelişmiştir. Cansız olana göre daha güçlü bir arzusu olduğu için büyüme yeteneğine sahiptir. Cansız olanla kıyaslandığında, bitkisel olan iyiyi çekebilir ve kötüyü çıkartabilir. Dolayısıyla, gelişim kapasitesi vardır.

Bitkilerde, sabit bir döngü vardır. Bitkisel olan yaşar ve ölür, cansız bir nesneye nazaran çevresine daha çok bağımlıdır. Gece ve gündüz arasındaki değişimleri hisseder. Cansız olanla kıyaslandığında, tamamen farklı bir yaşam formudur. Bütün bu değişimler sırf ışığı alma arzusunun gücündeki artıştan kaynaklanır.

Hayvansal seviyede alma arzusunun gücü daha fazladır. Bitkisel seviye ile kıyaslandığında, hayvansal seviyeye ne eklenmiştir? Her hayvan kendi çevresini bireysel olarak hisseder ve iyiye yaklaşabilir, kötüden uzak durabilir. Zarar ve yarar hissinin tüm bitkilerdeki gücü bitkilerin neden olabileceği yarar ve zarar da eklendiğinde, hayvansal seviyede olan tek bir bedenin arzusunun gücüne paraleldir.

Hayvan, bir yerden bir yere hareket eder, bireysel duygulara ve hissiyata sahiptir, kendi karakteri vardır. Her biri kendi bireysel karakterine sahiptir. Işığı alma arzusu, hayvanlarda bitkilere göre daha güçlü olduğundan, hayvanların benzersiz, bireysel nitelikleri vardır. Ancak, hayvanlar kendi zaman algılarında henüz sınırlıdırlar: Sadece kendilerini hissedebilirler, başkalarını veya geçmişi hissetme yetenekleri ve geleceğe dair herhangi bir ilgileri yoktur.

Bir sonraki seviye – konuşan – insan seviyesidir. İki bileşenden oluşur: akıl ve kalp (duygular). Bu iki faktör, birbirinin gelişimine yardımcı olur. Bu yüzden, insanın gücü zaman ve mekânla sınırlı değildir.

Bir bileşenin algılayamadığını diğer bileşen kavrayabilir. Örneğin, bin yıl önce olan olayları hissedemem, fakat aklımla o olayları analiz edebilir, anlayabilirim ve bunu hissedebildiğim ölçüde de açığı kapatabilirim. Düşünme yeteneği, duygu ve hislere yardımcı olur.

Aynı zamanda zıt bir durum da olabilir: Bir şeyler hissederim. Bu hissiyat beni nasıl etkileyebilir, daha iyiye mi veya daha kötüye mi? Düşünme yeteneğimi hislerime eklerim ve böylece durumu analiz ederim. Duygular ve düşünceler, benzer şekilde, zaman ve mekân faktörlerine dair anlayışımı genişletirler. Artık kendimi sınırlanmış hissetmem, bir başka insanı anlayabilir ve onun hisleri aracılığıyla, yaşamadığım bir olayı tecrübe edebilirim. Şükür ki, insan bu yetenek sayesinde zamanın ve mekânın üzerine yükselebilir.

Kişi, manevi olarak herhangi bir gelişim seviyesinde olabilir: cansız, bitkisel ve hayvansal hepsi birlikte. Fakat "kalpteki nokta"yı keşfeden bir insan, bu nokta on Sefirot haline gelene kadar, Yaradan'ın ifşasını algılayacak bir kap haline gelene kadar onu geliştirmeye başlar. Böyle bir kişiye 'Kabalist' denir ve o, konuşan seviyede bulunan, tüm zamanlardan ve uluslardan olan, ilk nesilden en sonuncusuna kadar yaşayan herkesi kapsar.

Piramit, realitede var olan beş yaratılış formu arasındaki oranı yansıtır: cansız, bitkisel, hayvansal ve dünyamızdaki insan, yani konuşan seviye. Daha yüksek bir seviyedeki her bireysel parça alt seviyede bulunan tüm yaratılıştan daha yükseğe çıkar.

Bu, arzularımızda benzersiz bir şekilde ifade edilir:

Bitkisel seviyedeki tek bir arzu, evrenin cansız seviyesindeki tüm arzuları kadar zarar ya da iyilik getirebilir.

Hayvansal seviyedeki tek bir arzu, evrenin bitkisel seviyesindeki tüm arzuları kadar zarar ya da iyilik getirebilir.

Konuşan seviyedeki tek bir arzu, evrenin hayvansal seviyesindeki tüm arzuları kadar zarar ya da iyilik getirebilir.

Eğer kalpteki nokta, yani ruhun kökü, her birimizin ve hepimizin içinde belirirse ve bir manevi kabın oranına bağlı olarak gelişmeye başlarsa, onun gücü tüm zamanlardaki ve yerlerdeki bütün insanların gücüne eşit olacaktır. İşte, bu piramittir! Fakat nesne daha yüksekte oldukça, o noktada sayıları daha az olur, ancak daha benzersiz ve yaratılışa hâkim hale gelirler.

Yaradan'ın yarattığı arzuyu beş seviyeye ayırırız. Bunlar aşağıdaki şekilde belirtilmiştir (bir sonraki bölüm, Yaradan adına kullanılan İbranice harflerin – י, ה, ו, ה – anlamına değinir):

Yud harfinin ucu: י

Yud harfi: י

Hey harfi: ה

Vav harfi: ו

Hey harfi: ה

Bu, Yaradan'ın yarattığı arzunun sembolüdür, yani yaratılışın sembolüdür. Arzu, beş parçadan oluşur. Bu parçalar, beş sembol, yani beş harf tarafından sembolize edilirler. Buna yaratılanın değil, Yaradan'ın adı deriz, çünkü arzu ışıkla, Yaradan'ın hissiyatıyla doldurulur. Yaratılanın hissedebildiği tek şey Yaradan'dır, başka hiçbir şey değil.

Bu yüzden, yaratılanın durumu Yaradan'ın adı ile anılır. Yani yaratılanın hissettiği dünya, kendisine dair hissiyatı ve yaratılanın kolektif hissiyatı Yaradan'ın amacının ifadesidir. Yaradan'ın amacı, yaratılışta ifade bulmuştur. Bu nedenle kap, Yaradan'ın ismini almıştır. Yud harfinin ucu (י) yanı sıra, sadece dört harf hecelenmiştir, bu harflere Yud – Hey – Vav – Hey (י - ה - ו - ה) diyoruz.

Özet olarak bu yaratılışın yapısıdır:

י Yud harfinin ucu – henüz hissedilmeyen bir arzu.

י Yud – cansız seviyeye karşılık gelir.

ה İlk Hey – bitkisel seviyeye karşılık gelir.

ו Vav – hayvansal seviyeye karşılık gelir.

ה Son Hey – konuşan seviyeye karşılık gelir.

Arzunun her seviyesi – cansız, bitkisel, hayvansal ve konuşan – alt seviyelere ayrılır. Bu alt seviyelerde de cansız, bitkisel, hayvansal ve konuşan seviyeler vardır. Yani cansız seviyede bile cansız, bitkisel, hayvansal ve konuşan seviyelerin ayrımı vardır.

Bizim amacımız, gerçek anlamda insanın ne olduğunu, insanın neyi temsil ettiğini anlamaktır. Tek bir bitki tüm cansız doğanın üzerindedir. Tek bir hayvan, bütün bitkilerin üzerindedir ve tek bir insan tüm hayvanların üzerindedir. Ancak, "üzerinde" ne demektir? İnsanın, kendini ıslah ettiği takdirde manevi gelişimi sayesinde yaratılışın diğer herhangi bir alt formu üzerine çıkması demektir.

Bu yüzden, her şey kişinin içindedir denir. Kişi, manevi yükselişinde tüm dünyaları yükseltebilir ve daha sonra tüm dünyalar bu kişiye hizmet eder. Dolayısıyla, eğer kişi ıslahını gerçekleştirirse bütün yaratılış sırasıyla yükselir. Bu nedenle sadece insan, kendini ıslah etmek zorundadır.

Fakat ıslah ne anlama gelir? Islah, Yaradan'a olan yaklaşımımızın, O'nu edinişimizin düzeltilmesidir. Eğer O, bize bu arzuyu ve bu arzuyu gerçekleştirecek güçleri verdiyse, bu arzuyu alan kişiye "insan" denir. "İnsan" seviyesinin altında dünyamızdaki insanın içinde bulunan konuşan, hayvansal, bitkisel ve cansız seviyeler vardır.

İnsanların tüm doğayı ıslah etmesi gerekir çünkü insan, bir ruha, en gelişmiş bir manevi arzuya sahiptir. Kişi, ruhunun embriyosunu oluşturan kalpteki noktasını bu dünyada keşfeder ve onu geliştirmeye başlarsa, hem fiziksel hem manevi dünyalarda en önemli ve etkili duruma gelir. Manevi güçler edinir ve bu güçler sayesinde Yaradan'ı keşfedebilir, O'nunla bütünleşebilir ve O'na benzer hale gelebilir. Yaratılışın dört seviyesinin tümü insanın içinde mevcuttur.

Doğal olarak, her şey cansız seviyeye (toz/toprak) dayanır. Bu, manevi seviyenin varlığını geçerli kılan tüm seviyelerin, bitkiler, hayvanlar ve insanların, yaşamlarını devam ettirmek için yeryüzüne dayanmalarıdır. Bir taraftan, yeryüzü kendi başına önemsiz bir faktördür, ancak yine de yeryüzü olmaksızın hiçbir yaşam formu var olamaz.

Aynı şey cansız seviyedeki kitleler için de söylenebilir: Bu kitleler mümkün olan üç gelişim yönüne sahiptirler. Kitlelerin içinde, arzunun daha gelişmiş formlarının yaratılışına imkân bulunur. Kabala, bu formlardan "zengin", "yönetenler" ve "bilge" olarak bahseder. Bunlar, cansız seviyeden itibaren evrimleşmiş, zenginlik, güç ve bilgi için olan arzularımıza karşılık gelir.

Kişinin manevi gelişiminin sonucunda bir arzuya dair daha olgun bir arzu gelişir. Bu gelişimi üç arzu etkiler: "şehvet", "kıskançlık" ve "onur peşinde olma."

Kişi, en son mükemmeliyet seviyesine erişene kadar bu arzular sayesinde manevi olarak gelişir ve daha üst seviyelere yükselir. Özet olarak: İlk seviyedeki arzudan ötürü kişiye verilen şehvet niteliği "zengin"i kitlelerden ayırır. Bu seviye, kitlelerin arzusundan daha güçlü bir arzu tarafından tanımlanır. Bu manevi seviye evrendeki bitkisel seviyeye denk gelir.

Daha sonra, kişi kıskançlık niteliğini edindiği zaman, "yönetenler" kitlelerden ayrılır. Bu, ikinci bir seviyedir ve doğadaki hayvansal seviyeye karşılık gelir.

Yoldaki bir sonraki arzu, "onur peşinde olma", sadece insanoğlunda mevcuttur. Onurlandırılmak isteyen bir kişi, bu onurun ona başkaları tarafından verilmesine ihtiyaç duyar. Bu tamamen farklı bir varoluş seviyesidir. Kişinin diğer insanlara ihtiyacı vardır. Kişinin hırsı, artık cansız bir şeyi kontrol etmenin yeterli olmadığı bir seviyeye gelişmiştir. Diğer insanların onun haz alma arzusunu tatmin etmesi için diğer insanları da kontrol etmelidir. Senin kalbinde olmayı arzular. Buna "onur" denir.

"Kıskançlık", "bilge"yi kitlelerden ayırmaya yardımcı olur. Çok büyük bir arzuya sahip olan ve kıskançlıkla motive olan insanlar, bilgi ve erdem kazanırlar. Bu seviye, evrenin yapısında "konuşan" seviyeye karşılık gelir.

Onların eylemleri, zaman veya mekânla sınırlı değildir. Kişi bazen, çok zaman önce ölmüş birisine karşı, sanki o kişi bugün hâlâ yaşıyormuş gibi, yoğun bir kıskançlık duyar. Zaman bu hissiyatı etkileyemez. Kişi, sadece kendinde olmayan bir şeye sahip diye diğer bir kişiyi kıskanmaz. İkisi de aynı şeye sahip olsalar da onu kıskanır. Yani kişi, sadece diğer kişinin sahip olduğu her şeyi (onun hırsını ve niteliğini) almayı arzulamaz, aynı zamanda diğer kişinin arzusunu mahvetmeyi de arzular ki o kişinin hiçbir şeyi kalmasın.

Örneğin, eğer "konuşan" seviyesindeysem, hırsım o kadar güçlüdür ki diğerlerinin sahip olduğu her şeyi ve daha fazlasını almak isterim. Onların hiçbir şeyi olmasın isterim ve böylece hırsımı sınırsızca güçlendirebilirim, diğerlerinin sahip olduğu her şeyi isterim, yani tek başıma tüm insanlıkla eşitlik sağlarım. Hepimiz böyleyizdir.

Bu nitelik sadece insanın özelliğidir. "Konuşan" seviyesinde olmayan insanlar, bu arzularını güçlendiremezler, sadece onur ve açgözlülük peşinde koşarlar. Sadece kendi ihtiyaçlarının tatmini konusunda kesinliğe ihtiyaç duyarlar. Eğer kıskançlık olmasaydı, insan alma arzusunu çok fazla güçlendirmeyi başaramazdı.

Bununla birlikte, bu tür insanlar çaresiz kalırlar, iyileşemezler, çünkü arzuları yeterince güçlü değildir. Bu yüzden de üç doğrultunun tümünü karıştırırlar. Arzuları bu üç doğrultu arasında dağıldığı için, küçük parçalara kırılmıştır ve somut bir şeyin edinimini sağlamak üzere odaklanmış bir arzu yoktur. Kişi sürekli olarak yönünü değiştirir, başka şeyler arar, enerjisini boş yere harcar.

Bu, gördüğü her şeyi isteyen küçük bir çocuğa benzer. Kişinin çok güçlü bir arzusu olsa bile, bu arzu zenginlik, onur, güç ve bilgi arasında gidip gelirse, sonuçta eli boş kalır. Maneviyatın cansız seviyesinde olan insanlar, seks, gıda, eğlence, televizyon gibi yaşamla ilgili gereksinimlerinin farkındadırlar. Tüm hayatları sanki tek bir gün gibidir.

Kişi, zenginlik istemeye başladığı zaman sadece daha fazla para kazanmak için gece gündüz çalışmaya heveslidir. Artık herhangi başka bir şeyle ilgilenmez. Güç ve onur isteyen kişiye de aynı şey olur: Parlamentoya seçilmek, bir sonraki devlet başkanı olmak ister, diğer her şey ikinci planda kalır. Tatiller, aile ve zevk için hiç zaman yoktur, onları kaplayan güç ve kontrol arzusu dışında hiçbir şey yoktur.

Kıskançlık seviyesine gelenlerin sorunu, diğerlerine ve onların sahip oldukları her şeye bakmak ve hemen hepsine sahip olmayı istemektir. Bu yüzden de hiçbir şeye erişemezler. Fakat bununla beraber, diğer insanların arzularını almayı becerirler. Öylesine güçlü bir arzu geliştirirler ki, tüm dünyanın arzusu bir araya geldiğinde oluşan kadar güçlüdür. Her ne kadar bu arzu doğru yönün yakınına hedeflenmemiş olsa dahi hâlâ çok büyük bir güce sahiptir.

Negatif ve pozitif güçler aynı güce sahiptir. Dolayısıyla, bir tek insanın gücü tüm hayvanlar dünyasının gücünden daha fazla olduğu için, tüm zamanlarda, geçmişte, şimdi ve gelecekte, tüm hayvanların yapabildiğinden daha fazla zarara bir tek insan sebep olabilir ve o derecede iyilik de yapabilir.

Bu yüzden, kişi manevi yükselişe hazır olmadan önce, yani güçlerini sadece iyilik yapmak üzere kullanmayı beceremeden önce manevi bir engele ihtiyaç duyar.

Bu demektir ki, kişi bu zaman sürecinde, "insan" seviyesinde olmaya gıpta edemez. "İnsan" seviyesi, kişinin erdemlik ve bilgi derecesine göre belirlenir. Yani kişiye, başkalarına ve onların sahip olduğu şeylere zarar verebileceği bir bilgi verilmez. Ona, sahip olduğunun ötesinde güç ve yetenek verilmez, çünkü onun arzuları bilgeliğe ve manevi dereceye göre dengelenmemiştir.

İşte bu yüzden, ilk hocalarımız (manevi edinim sahibi olanlar) bilgilerini kitlelerden sakladılar. Bu bilgiye layık olmayan öğrencilerin, kendilerine verilen bu bilgiyi kötüye, manevi enerjiyi kendi hayvani arzularını tatmin etmek için kullanacaklarından ve dünyanın yıkımını getireceklerinden korktular.

Bilgelik, kişinin manevi ve ahlaki seviyesine göre sahip olduğu doğal güçlere eklenen manevi bir güç, bütünleyici bir nitelik olmalıdır. Aksi takdirde sadece zarar verecektir. Kabalistler, sınırsız yeteneklerine rağmen, alçak gönüllü ve yoksul bir hayat sürdüler ve manevi edinim için her tür maddi zevki reddettiler.

Fakat zaman içerisinde bu ahlak geriledi; hocalar da zengin olmak ve kontrol kazanmak istediler. Sonuç olarak, onların ahlak yapısı kitlelerin seviyesine düşecek kadar kötüledi. Bilgeliğin etrafını saran koruyucu duvarlar ihlal edildi ve o noktada suiistimal başladı. İnsanın hayvani ihtiyaçlarını tatmin için bilgeliği suiistimal edişi günümüzde bile geçerlidir.

Eğer dünyada bilimsel gelişim olmasaydı, dünya neye benzeyecekti? Manevi değerlerde ve maneviyatta gerçekten de bir gelişim olduğunu düşünebiliriz. Gerçi bu sadece, manevi yükselişimize bağlı olarak geliştirmeye devam edebileceğimiz bir değerlendirmedir.

Fakat eğer gelişim ahlaki seviyeye denk gelseydi, ıslahımızın ölçüsüne uygun olarak bugün hâlâ iki bin yıl önceki insanların durumunda olurduk. Bundan öğrenmeliyiz ki, gelişimin ötesinde olan her şey aslında yozlaşmadır, yani ıslah uğruna olan yozlaşmadır.

Kendimizi her şeyden koparıp, iki bin yıl önce atalarımızın yaşadığı şekilde yaşamaya başlamak durumunda değiliz, fakat anlamalıyız ki, herhangi bir gelişim süreci henüz dengelenmemiş bir süreçtir. Toplumdaki ve aynı zamanda insandaki negatif ve pozitif güçler dengelenmemiştir. Hayatlarımızı iyileştirmeyi, kolaylaştırmayı ve keyifli kılmayı ne kadar istediğimiz önemli değildir. Ancak, bu sadece manevi çabalarla mümkündür.

Bu yüzden, manevi gelişimi arzulayan bir kişi, sonunda basit ve mütevazı bir hayat sürmek ister. Modern dünyanın sunduğu harikalardan hiçbir şey beklemez ve gelişimin ürünü olarak etrafında bulunan şeylerin gereksiz olduğunu düşünür.

İnsanlığın bilim aracılığıyla ilerleyişi acının yolunda giden bir gelişimdir. İnsanlık, bu yolun hiçbir yere ulaşmadığını keşfedene kadar gelişmeye devam edecektir. Kendimizi son iki bin yılın gelişiminden ayırmalıyız ve başka bir yol aramaya başlamalıyız. İki bin yıl sonra ortaya çıkan sonuç şu ki, insanlık bunca zaman aslında gelişmediğimizi, bilâkis ters yönde hareket ettiğimizi fark etmiştir. Eğer çabalarımızı maneviyat için değerlendirseydik çok daha pozitif sonuçlara ulaşmış olurduk!

Realite, sadece tek bir amaç için mevcuttur – kişinin Kabala bilgeliği aracılığıyla ıslahını gerçekleştirmesi için. Kabala günümüze kadar kitlelere yasaklanmıştır, fakat son nesilde, Mesih'in gelişinden önce Kabala bilgeliği genç yaşlı herkese açık olmalıdır.

Eğer herkes Kabala çalışmaya başlamalıysa bu, manevi seviyesinin bu amaç için yeterince yüksek olması gerekir demek midir? Fakat hocalarımız, bu nesilde insanların kaba ve küstah olacağını ve Kabala bilgeliğini anlamak istemeyeceğini söylediler. Öyleyse bu durum nasıl mümkün olacak? Neden bugün Kabala bilgeliğinin herkese ifşa edilmesine izin verildi?

Şöyle yazılmıştır: "Neslin yüzü köpeğin yüzü gibi olacak." Kabala bilgeliğine hiçbir ilgisi olmayacak, sadece kendisi için almak isteyecek. Bu yüzden, layık olmayan öğrencilerin öğrenmeye geleceklerine dair hiçbir korku yoktur çünkü hiç kimse bu bilgiyi istemeyecektir. Kabala bilgeliği der ki, Yaradan'ın niteliklerini edinmeden önce kendi doğanızı almak amacından ihsan etmek amacına doğru ıslah etmelisiniz ve ancak o zaman Kabala bilgeliğini edinmeyi başarabilirsiniz.

Dolayısıyla, öğrencinin buna layık olup olmadığını görmek için hiçbir test gerekmez.

Hepimizin içinde arzular o kadar çoğaldı ki artık maddi bir ödül dışında hiçbir şey ile ilgilenmiyoruz. Sadece maneviyatın edinimi ve ifşası için arzu duyanlar Kabala bilgeliğine erişmeyi isteyecektir. Oysa, diğer herkes onunla oynayacak, onu kâr için satmaya çalışacaktır.

Herkesin Kabala çalışmaya başlama şansı olacaktır, ancak insanlar, sadece manevi hazır oluşları ve manevi saflıkları ölçüsünde Yaradan'ı kavrayabilecektir. Kabala bilgeliğinin hiçbir maddi kazanç getirmediğini fakat Yaradan'a hoşnutluk vermek, O'na memnuniyetini sunmak için bir şans verdiğini anlayan kişi manevi olarak ilerleyebilir.

Eğer kişi bu güçlü arzuya sahipse (diğer tüm arzuları halen mevcuttur, ama tamamen farklı bir orandadır), Kabala bilgeliğini çalışmaya başlayacaktır. Açıkçası, diğer insanlar bunu istemeyecektir. Fakat buradan öğreniyoruz ki, her şey kişinin arzusuna, tam olarak ne elde etmek istediğine bağlıdır.

Kitap kişiye açılmıştır ve kişi çalışmaya başlar. Bir süre sonra buna hazır olup olmadığını görebilir. Kişinin arzusu, nerede olacağını ve ne yapacağını belirleyen faktördür. Sadece kendi içsel noktası, kesin olarak hangi manevi seviyede olduğunu ona söyleyebilir. Zamanla, Yaradan'la birleşmek dışında hiçbir şey elde edemeyeceğini anlamaya başlar! Ne dünyevi bir haz, ne zenginlik, ne onur, ne de herhangi bir güç. Bu yüzden, sadece bu gerçeğin farkında olanlar ve sadece içsel maneviyatın ifşasını ve edinimini arzulayanlar çalışmaya dayanır.

Manevi ilerleme sürecinde, gittikçe daha az insan kalır. Grup hedefe daha yaklaştıkça, seçim daha zor hale gelir ve sadece gerçek anlamda layık olanlar kalır. Çalışma sürecinin kendisi güç verir ve öğrencileri eler.

BAZI DÜŞÜNCELER

Bugüne kadar toplumun en doğru formu, hocalarına itaat etmek arzusuyla birleşmiş öğrencilerden oluşan bir grup olmuştur. Bu arzu, hocanın manevi doğruluğuna duyulan mutlak takdirden kaynaklanır, onun karizmasından, Yaradan'la olan özel bağından veya emrindekilerin korkusundan değil.

İnsanoğlunun dinî tarihinin tümü insanın On Emri yerine getirmekte ya da başkalarından bu emirleri yerine getirmesini talep etmekte veya bunların bir kez bile yerine getirileceğini ümit etmekte aciz olduğunu doğrular. Sadece Yaradan'ın ifşası ve edinimi, bu emirleri yerine getirme gücünü bize verebilir ve bu da sadece kişinin Yaradan'ın gücünü, tekliğini ve yüceliğini anlamasına bağlıdır.

On Emri yerine getirme becerisine sahip olduğumuz seviyeler aslında Yaradan'ın ifşa olduğu manevi seviyelerdir. Burada kişi, maneviyatı edinir, Yakup'un manevi merdiveninin basamaklarında manevi olarak yükselir.

Aksi halde, insan toplumu Yaradan'ı edinmeden, O'nu ifşa etmeden emirleri yerine getirmenin esas kurallarını kırdığı takdirde günlük hayatında On Emri yerine getirmek için bir gerekçe bulmalıdır, yani hayatın kendisi On Emri yerine getirmenin gerekçesi olmalıdır.

İnsan toplumunun hem medenî hem cezaî yasalarını ve kodlarını yaratan güç, emirleri yerine getirme unsurunun çarpıtılmasıdır. Bu yüzden, sadece insanlığın son nesli, kendi doğamızla mükemmel şekilde uyumlu olan doğanın yasalarını gerçekten yerine getirmeye yönelebilecek ve asıl ıslahı gerçekleştirebilecektir.

Hiçbir emir, insanların On Emrin tümünü gerçek biçimlerinde takip etmesini sağlayamayacaktır. Herkesin emirleri isteyerek yerine getirmesini sağlayacak tek şey ise sadece Yaradan'ın ifşasıdır.

Baal HaSulam, bu durumu (Talmud Eser Sefirot'a Giriş'te) Yaradan'ın ifadesini gönüllü olarak uygulamak diye tanımlar. Yani Yaradan, insan önündeki Kendi görünümü aracılığıyla sanki bir mahkemedeymiş gibi, kişinin artık günah işleyemeyeceğine hüküm verir. Çünkü Yaradan'ın gücünün ve büyüklüğünün ifşası, insanı gönüllü ve doğal olarak Yaradan'ın tüm emirlerini yerine getirmeye zorlar.

Yaratıldığımız madde, egoist nitelikli haz alma arzusudur ve sadece bize yararlı olacağını algıladığımız şeyleri gerçekleştiririz. Bu yüzden Yaradan'ın ifşası, içimizde bir de

O'nun isteğini izleme kararını yaratır, çünkü bu bize sadece iyilik getirecektir. Fakat kişi, doğasının günahkârlığını fark etme evresinden geçerse ve o zorlama olmadığı takdirde nesilden nesle sürekli acı ve ıstırap içinde yaşayacağını görürse, ona Yukarıdan gelen herhangi bir kararın, ne kadar zor olursa olsun, sonuçta sadece iyilik getireceğine ikna olur. Bu kararı, tüm arayışlarına ve bugün keyif aldığı hayali özgürlüğe tercih eder.

Daha sonra, insanda Yaradan'ın talebi uyanır. Yaradan, bir şahit gibi ya da daha doğrusu bir yardımcı gibi ona görünmek ister. Böylece insan sadece doğru yolu seçecektir ve öylesi acı hatalar yapmayacak, hatalarından dolayı acı çekmeyecektir.

Bu arzu, yaşamlarımızda anladığımız kadarıyla, yani dünyevi anlayışımıza göre, bize sadece özgür olmadığımızı anlamamız için verilmiştir. Bir kere özgürlüğün tüm hayali ve acı güzelliğini keşfettiğimizde, aslında hiç özgür olmadığımızı anlarız, çünkü kendi egoist arzularımızı, içimizdeki kötülüğü takip etmekteyiz ve bu yüzden özgürleşemeyiz.

Eğer bugün egoizmin bizi kontrol ettiği şekilde özgecilik bizi kontrol etsin diye özgeciliğin köleleri haline gelmiş olsaydık, yani bilinçsizce bir köleliği diğeriyle değiştirseydik ve Yaradan bir doğayı diğeriyle değiştirseydi, gerçi bir sahipten diğerine tam olarak böyle bir geçiş istesek bile, Yaradan'dan yine de farklı bir nitelik alırdık. O, içimizde üç çizginin mekanizmasını oluşturur. Bu mekanizma içinde, egoizmimizi başka bir şekilde, yani ilk kısıtlamayı gerçekleştirdikten sonra, herhangi bir haz arzusundan tam olarak ayrıldığımız zaman ihsan etmek için kullanırız.

Kişi, maddi, ahlaki ve manevi ihtiyaçlarını tatmin etmek için kendi haz alma arzularını değiştiremez. Ancak, kendim için ya da Yaradan için tatmin olmak, egoizm ve özgecilik arasındaki tüm farktır. Kişi, "kendim için" den kendini ayırmadan önce, bu amacın ona yukarıdan verilmiş olduğunu anlayamaz. Bu doğal bir amaç değildir, fakat onun haz arzusuna eşlik eden bir şeydir.

Yaradan, kişideki alma arzusuna "O'nun adına" niyetini eklerse, kişi kendi haz alma arzusunu aynı zamanda bu yeni niyetle kullanmaya başlayacaktır.

"Merhametten zevk alma" bir geçiş evresidir. Bu evrede, kişinin bencilce hesaplamalar yapmaktan uzak durma gücünü yukarıdan alması onun manevi olarak özgürleşmesini sağlar. Bundan sonra, kişi haz alma arzusu için farklı bir kullanım seçer – Yaradan için. Eğer bu yeni manevi seviye, yani "merhametten zevk alma" seviyesi olmasaydı, kişi "Yaradan için" duyduğu arzuyu ve niyeti hissedemezdi.

Ancak, kişi tam da "merhametten zevk alma" konumuna geldiği için, eylemlerini bütünüyle özgür bir şekilde seçebilir. Eğer bu noktada kişi özgeciliği seçerse, bu özgür iradenin kararı olur ve acı çekmekten kaçmak için değildir. Kişi, özgür seçimini ve özgür iradesini acısız bir hayat için satmaz fakat istekli ve bağımsız olarak özgürlüğü seçer.

Her nesil bir sonraki nesle, insanoğlunun biriktirmiş olduğu bilimsel ve kültürel başarıların yanı sıra kolektif deneyimini de aktarır. Bu insani hafıza, nesilden nesle geçer, tıpkı çürümüş bir tohumun enerjisinin genç bir tomurcuğa geçmesi gibi. Burada sadece hafızanın, enerjinin ve izlenimin (Reşimot) aktarımı vardır. Tüm madde, tıpkı insan vücudunun çürümesi gibi çürümeye mahkûmdur ve tüm bilgi, yükselen ruha geçer ve yeni bedenlere girişinden sonra birikmiş hafızayı tamamlar.

Genç bir çiftin çocukları olduğunda bilginin bir tohumla aktarılması ile bir ölünün ruhu yeni bir bedene geçtiğinde bilginin aktarımı arasındaki fark nedir? Ne de olsa ebeveynler ve çocukları hâlâ hayattadır. Öyleyse, o küçük çocukların bedenlerine giren ruhlar nedir?

Nesiller boyunca, tüm insanlarda, birikmiş bilgiyi, en iyi ve en manevi değerleri bir sonraki nesillere aktarmak için büyük bir arzu vardır. Bu arzunun en iyi uygulamaları, çalışma alanlarında ve eğitimde değildir; "kutsal cansız seviye"de (ortodoks inançta), eski moda yolla uygulanır.

Bu aktarım, "manevi program" aracılığıyla gerçekleştirilir. Dolayısıyla, kişinin bir sonraki nesle iyi hatırayı aktarmak üzere yapabileceği en iyi şey kendini ıslah etmek, ruhunun niteliklerini geliştirmek ve ruhunun mümkün olan en ıslah olmuş formda bedenini terk etmesini sağlamaktır.

Dolayısıyla, görüyoruz ki kişi ruhunu gerekli olan her şeyle beraber bir sonraki nesle aktarır. Ancak, hayati önem taşıyan şeyleri, bu dünya ile ilişkili olan herhangi bir şeyle, dışsal sistemin değerleriyle ve eğitim aracılığıyla aktarmaz. Gerçek aktarım sadece manevi seviyede mevcuttur dünyevi seviyede değil.

Her gün, hümanizm ve özgecilik terimlerine dair anlayışlarda deformasyonlarla karşılaşıyoruz. Kesin konuşmak gerekirse, bu durum İncil'deki kelimelerin yanlış anlaşılmasıdır! Yaradan'ın kanunlarının hepsi maksatlıdır ve amaca yöneliktir. Bu kanunlar, yaratılışın amacıyla yakın bir ilişki kurarak çalışılmalıdır, aksi halde yanlış anlaşılırlar ve hatta birbiriyle çelişirler.

Bu yüzden, yaptığımız her eylemde, ancak bu eyleme yaratılışın amacıyla ilişkili olarak, yani belli bir şekilde hareket etmeyi seçen Yaradan'ın amacıyla ilişkili olarak yaklaşabildiğimiz zaman, eylemin gerekçelenmesi veya eleştirisi mümkün olur. Aksi halde, bu dünyada hiçbir fenomeni doğru şekilde değerlendirmeyi asla başaramayacağız.

Eğer kendi nesillerimize, dünyaya dair, onların eylemlerine dair bu bakış açısını aktaracak kadar bilge olursak, Yaradan'ın varlığını, doğanın varlığını fark edeceklerdir. Bunu dini etiklerle veya ceza korkusuyla değil, yaratıcı bir şekilde yapmalıyız. Böylece, manevi olarak daha çabuk gelişecekler, manevi edinime erişecekler ve gerçekten Yaradan'ı etkileyebileceklerdir.

20. yy.da, dini toplum ile laik toplum arasında bir bölünme olmuştu. Bu bölünme, yakında daralmaya başlayacak çünkü iki grup da gerçek yolu anlamaya başlıyorlar. Bu yol, ne dini ne de laiktir, ikisinin arasında bir şeydir, altından bir yoldur, Yaradan'ın yoludur.

Mutlak egoizm her ulusta kendini ıslah, kendine özsaygı şeklinde ifade bulur – benim ulusum, erdemli ulus gibi. Belki bu imajlar bir süre sonra güçlerini kaybederler fakat daha sonra abartılı özsaygıya dair temelin eksikliği, yani özsaygının eksikliği saldırganlığa yol açar.

İnsanlar depresyondan, acı çekmekten, eziyetlerden ve aslında hayatlarındaki neşe eksikliğinden sürekli şikâyet ederler. Size, tıpkı avludaki keçinin içeri alınmasını öneren o bilge adam gibi tavsiyede bulunabilirim. Arkadaşının evindeki kalabalığı duyduğu zaman keçiyi içeri aldırır. Bir süre sonra keçiyi tekrar dışarı bırakmalarını önerir.

Depresyonda olan herkese tavsiye ederim: Gözlerinizi ve kulaklarınızı kapatın. Bu şekilde birkaç dakika durun, ta ki görmek ve duymak için güçlü bir arzu hissedene kadar. Biraz acı çekin, biraz daha ve sonra göz bağınızı ve kulak tıkaçlarını çıkartın. Dünyanın ne kadar güzel ve harika olduğunu göreceksiniz!

Temel olarak diyebilirsiniz ki, Freud'un, Marx'ın ve Einstein'ın teorileri Yaradan'ı aramakla aynıdır; direkt olarak değil de toplumdaki, insandaki, bilimdeki çelişkiler aracılığıyla. Hepsi, mükemmel olan bir şeyi aradı, yani Yaradan'ı. Ancak, dünyamızda hiçbir çözüm olmadığını içsel olarak fark etseler dahi, bariyerin altında, dünyamızda aradılar.

Yaradan'ın gücünün anlaşılması ve tanınması, sadece "O'ndan başkası yok" ve O her şeyin yegâne sebebidir değil, aynı zamanda üst dünyaya duyulan manevi arzudur. Eğer O tek ise, O'nunla bir olma arzusudur. Yaradan'ın tek oluşuna dair anlayış, insanı, kendi niteliklerini Yaradan'ınkilerle eşit hale getirerek, yani O'nunla birleşerek, kendi eşsizliğini korumaya zorlar.

Yoga ve diğer metotların uygulamaları Kabala'dan farklıdır. Diğer tüm metotlar ve dinler, dışsal ve fiziksel eylemler için bir yöntem sunarlar, yani pratik egzersizler, diyetler, davranış biçimleri vb. Sadece Kabala bilgeliği hiçbir dışsal eylemle ilgili değildir. Tersine, baştan sona tüm çalışma, insanın ruhu, düşünceleri, manevi arzuları üzerine odaklanmaktır. Yani içsel manevi bir çalışmadır.

Eğer kişi doğanın yasalarına uyar ve aynı zamanda Yaradan'ı kafasında canlandırmaya çalışırsa, daima kendisi (egoist olan) ile Yaradan (özgecil olan) arasındaki farkları görür. Bu farkların oranı dinleri yaratır ve kişi Yaradan'ın niteliklerine zıt niteliklere sahip olarak tanımlanır. Alma arzusu kesinlikle Yaradan'ın niteliğine karşı durur ve bu yüzden kişinin manevi yolu, kendi doğasını ve özgür iradesini bastırmaya yoğunlaşır.

Ancak tüm realitenin Yaradan ve yaratılış tarafından değil de, sadece Yaradan tarafından yaratıldığını kavrayabilen kişi, kendisi ile Yaradan arasındaki çelişkileri görmeyecektir. Sonuç olarak, kişinin Yaradan'a doğru olan yoldaki yaklaşımı, kendi nitelikleriyle savaşmaya değil, kendisinin ve Yaradan'ın niteliklerini eşit olarak kabul etmeye odaklanacaktır.

Bu kişi, kendi terbiyesini asla tehdit, zorlama ve sınırlamalara dayandırmayacaktır. Bu yöntem, kısa sürede şaşırtıcı derecede görünür sonuçlar sağlasa da, kişiyi asla gerçek manevi ıslaha götürmeyecektir. Koşullar değişir değişmez her şey berbat ve çarpık bir biçimde çökecektir.

Sadece kişi, ruhunda yavaş yavaş manevi bir değişim gerçekleştirmeye gönüllü olursa, içinde olmayı özgürce seçtiği çevre, grup ve hoca (Kabalist) sonuçta onu etkileyecek ve değiştirecektir. Grubun kişi üzerindeki etkisi, kişi ıslah olması gerektiğini fark ettiği ve dolayısıyla grubu en önemli etkileyici faktör olarak kabul ettiği ölçüde etkin olur. Yine bu ölçüye göre, kişi aynı zamanda manevi yükseliş fikrini gruptan özümseyebilecek, Yaradan'ı arzulayabilecek ve manevi yükselişini, sıradan bir kişinin yolundan seçilmiş birkaç kişinin yoluna doğru hızlandırabilecektir. Böylesi bir kişi için sadece içsel değişimler vardır ve hiçbir sınırlama yoktur.

ÖZGÜR SEÇİM

Baal HaSulam (Kabalist Yehuda Aşlag), "Özgürlük" adlı bir makale yazdı. Şimdi, bu özgürlük konusunu daha derin bir şekilde incelemeye ve bu makalenin daha iyi anlaşılmasını sağlamaya çalışacağız.

Özgürlük (İbranicede Herut), bağımsızlık, Baal HaSulam'ın da makalesinde açıkladığı gibi, insanın temel bir ihtiyacı olarak mevcuttur. Fakat diğer taraftan, eylemlerimize bakıp herhangi bir eylemimizde özgürlük olup olmadığını kontrol etmeliyiz.

Eğer bize daha önceden verilmiş tüm parametrelerle – duygularımız, hissiyatlarımız, karakterimiz – doğmuşsak, herhangi bir seçimden dahi bahsedebilir miyiz? Her insan, "kendi yıldızı altındadır" ve denmiştir ki, "Aşağıda hiçbir çimen tanesi yoktur ki, yukarıda bir meleği olmasın, ona değen ve 'büyü' diyen."

Çevremizdeki tüm doğa, bütün kozmolojik değişimler ve sosyal değişimler hiçbirimize bağlı değil ise seçim özgürlüğü var mıdır?

Bizim arzumuza ve seçtiğimiz zamana bağlı olmayan, bizim belirlemediğimiz koşullarla başlayan bir yaşam bize veriliyor.

Seçmediğimiz bir aileye doğuyoruz ve seçmediğimiz bir topluma geliyoruz... Öyleyse, neyi seçebiliriz?

Eğer tüm bu parametreler daha önceden tanımlanmışsa hangi özgür seçimden bahsedebiliriz? Özgür seçimin belirli bir ölçüsü var mıdır? Eğer yok ise, o zaman ne hakkında konuşmalıyız, yazmalıyız, hatta ne hakkında düşünmeliyiz? Hepimiz sadece kuralları izleyip, amacımızı doğanın yasalarıyla mı tamamlıyoruz? Eğer öyleyse, etrafımızdaki dünyanın hangi amaçla var olduğunu anlamamız imkânsızdır.

Baal HaSulam bu makalesinde, içimizde realitenin bir parçası olduğunu açıklar. Eğer bu parçaya nasıl ulaşacağımızı ve onu nasıl kontrol edeceğimizi bilirsek, bu parça aracılığıyla diğer her şeyi etkileyebiliriz. Böylece, tam olarak onu nasıl daha iyiye veya daha kötüye değiştireceğimizi bilecek ve tamamen doğaya bağımlı olmayı bırakacağız.

Bu "özgür" parçanın doğasını, eşsiz niteliğini anlamayı öğrenmeliyiz ve aynı zamanda amacımızın ne olduğunu ve neye ihtiyaç duyduğumuzu da kesin olarak anlamalıyız. Bu parçayı kontrol etmemizin ölçüsü ve onu değiştirme yeteneğimizin kendisi bu anlayışa bağlıdır.

Eğer bu şekilde hareket edersek bir dakika sonra ne olacağını bilmezken, bu dünyadaki durumumuzu kendi başımıza gerçekten değiştirebilir olacağız ve doğadan bağımsız hale geleceğiz.

Bu yetenek insana ana güç olarak verilmiştir; onu evrenin geri kalanından ayıran esas farklılık budur. Bu sebeple denir ki; Tora'da On Emir "tabletlere kazınmıştır". Hocalarımız, bu kelimeleri "kazınmış" (İbranicede Harut) olarak değil, "özgürlük" (İbranicede Herut) olarak okumamız gerektiğini açıklarlar, yani özgürlük ve bağımsızlık olarak. Bu iki kelime İbranicede aynı şekilde yazılır.

Bunu açıklayarak hocalarımız, Tora'nın verilmesindeki anlamı vurgulamak isterler. Eğer bu emirleri taşın üzerine kazırsak (sonunda insanın sahip olduğu en egoist noktaya, yani taştan kalbimizin üzerine kazırsak) ve eğer onların gerçek manevi anlamını korursak, bizi "özgürlük" denilen manevi duruma götürürler. Tora bu yüzden bize verilmiştir.

Baal HaSulam'ın, "kazınmış olarak değil, özgürlük olarak okuyun" diye yazmasından sonra, bu açıklama daha derin bir yorum talep eder. Tora'nın verilmesi ile insanın özgürlüğü arasında nasıl bir bağlantı olduğunu anlayamıyoruz. On Emri izlediğimizde edindiğimiz özgürlüğün anlamı nedir? Hayal ettiğim özgürlük bu mudur? İnsanın özgürlüğü, çoğunlukla ölümünden özgürleşmek olarak ifade edilir. Eğer insan ölümsüz olsaydı bu durum kendisine, dünyaya ve hayata karşı olan yaklaşımını önemli derecede değiştirirdi. O zaman bu realiteye "'hayat" demezdik.

Özgürlüğün aslında ölümden özgürlük olduğunu anlamak için, "özgürlüğün" anlamını iyice anlamalıyız. Genel olarak etrafımızı saran dünyayı değerlendirdiğimiz takdirde, cansız, bitkisel ve hayvansal (insan dâhil) seviyelerin esarete tahammül edemediğini görürüz.

Tüm hayat formları, hareket kabiliyetlerinin, gelişme özgürlüklerinin ve kendilerini ifade etme özgürlüklerinin sınırlanmış olmasından ıstırap çekerler. Bu yüzden Baal HaSulam, insanlığın özgürlüğü edinmek için çok büyük bir çaba sarf etmiş olduğunu söyler.

Ancak, eğer insanlara özgür seçimin tam olarak ne olduğunu sorarsak veya bu terimin bizim için ne anlama geldiğini bir an için düşünmeye çalışırsak, aslında özgürlüğün ne olduğunu açıkça tanımlayamadığımızı göreceğiz: Çalışma özgürlüğü mü? Dinlenme özgürlüğü mü? Çocuk doğurma özgürlüğü mü? Hareket etme özgürlüğü mü? Özgürlük ne demektir? Nasıl ifade edilir? Neden Baal HaSulam bu sorunun cevabını araştırdı?

O, özgür olmaya dair tüm hırslarımızın, gerçek "özgürlük" ifadesiyle hiçbir ilişkisi olmadığını bize göstermek ister.

Gerçek anlamıyla özgürlük, hiçbir sınırlamanın olmayışıdır, yani ölümün yokluğudur, herhangi bir sonun yokluğudur, tam bir edinimdir, her şeyin mükemmel olduğu ebedi hazdır.

Eğer bu taleplerin tümünü bir araya getirirsek, o zaman muhtemelen "özgürlük" denebilecek duruma, yani hiçbir sınırlamanın olmadığı duruma bir şekilde gelebileceğiz demektir. Bu yüzden Baal HaSulam der ki, öncelikle "özgürlük" kelimesiyle sembolize edilen manevi durumu tanımalıyız. Ancak ondan sonra oraya gelmemiz gerektiğine veya gerekmediğine, bunun için hangi çaba ve fedakârlıkları yapmaya gönüllü olduğumuza karar veririz.

Bir kişiyi incelediğimiz takdirde, o kişinin günlük eylemlerini bir gereklilik olarak gerçekleştirdiğini fark ederiz. Onlara dair hiçbir seçimi yoktur, çünkü hem içsel hem dışsal doğamız bizi iki güç aracılığıyla etkiler: haz ve acı. Bu etkiyi üzerinde hisseden herhangi biri, bitkiler, hayvanlar, insanlar, özgür seçimden yoksun kaldıklarını hissederler çünkü hiçbir şekilde özgürce acıyı seçemezler veya hazzı geri çeviremezler. Dolayısıyla, doğamızın özü haz alma arzusudur. Bu yüzden, eğer bir seçim yaparsak seçimimiz daima minimum çabayla maksimum haz edinmeyi amaçlar.

Varsayalım, aslında sabahları işe gitmek istemiyorum ve akşamları da eve yorgun dönüyorum, ancak biliyorum ki ailemi geçindirebilirim. Yaşamı sürdürmek için bütün gün acı içinde olmalıyım diye basit bir hesaplama yaparım. En alt nokta şudur ki, acıyı ve çabalarımı yaşamı sürdürmek için ihtiyacım olan şeyin yerine koyarım.

Baal HaSulam, insan ile hayvan arasındaki tek fark, insanın "geleceğe" bakabilmesi ve daha fazla gelecek olayların analizini yapabilmesidir diye yazar. Bu yüzden insan, şimdiki acısına karşılık gelecekte bir kâr sağladığını görürse daha fazla acıya dayanmayı becerebilir.

Hayvanlar, küçük çocuklar ve gelişmemiş insanlar, hesaplamalarını geleceğin tahmini üzerine dayandırmazlar. Onlar gelecek hissiyatından yoksundurlar. Dolayısıyla, sadece anlık kazançlar üzerinden hareket ederler.

Fakat her durumda, bu dünyada var olan her beden bu hesaplamayı yapar, çünkü kişi hayatını haz alma veya acılardan kaçma silsilesi olarak hisseder. Sadece haz ve acının hesaplamalarıyla yaşar ve hiçbir belirli hareket planına sahip değildir.

Her birimizin, kendi karakteri, doğuştan gelen nitelikleri, hayat boyunca edindiği değerleri ve anlayışları, yetiştiriliş tarzı, hisleri, sosyal baskısı, bireyselliği vb. vardır.

Bu durum içimizde sayesinde hareket ettiğimiz ve hesaplama yaptığımız bir sistemi, bir mekanizmayı oluşturur.

Dolayısıyla, tüm niteliklerimiz önceden içimizde tanımlandığı ve tüm koşullar önceden dışarıda tanımlandığı için, sonuçta insanın hiçbir özgür seçimi olmuyor. Bu yüzden, insanın herhangi bir özgür seçimde bulunma yeteneğine sahip olduğunu, daha önceden tanımlanmış ve belirlenmiş olan içsel ve dışsal verinin etkisinden özgürleştiğini iddia edemeyiz.

Baal HaSulam, neden insanlığın şu ana kadar bu problem üzerine odaklanmaya çalışmadığını anlamadığını belirtir. İnsanlık, bu problemi kotarmada veya çözmede aciz olsa gerek. Eğer inananlar, her şeyi yaratan bir Yaradan olduğuna, hepimizin O'nun kontrolü altında olduğumuza, her şeyin O'nun yönlendirmesiyle olduğuna inanırlarsa ve her şeyi kendilerinin ve hatta kendi özgür seçimlerinin aksine gerçekleştirirlerse, o zaman kendi varoluşlarını geçerli görebilirler.

Fakat inanmayan bir topluma değindiğimiz takdirde, hayatımızın anlamını tartışmak çok zordur. Çünkü eğer kişi, tüm eylemlerinin önceden belirlendiğinin ve hem içsel hem dışsal her şeyin doğanın elinde olduğunun gerçekten farkındaysa, o zaman hayatının tüm anlamı yok olur. Bu durumda, kişi hiçbir şeydir, ancak içsel ve dışsal doğaların arasında bir yerde var olan bir şeydir.

Bunu anlayabilmemiz için, tüm doğamızın tek bir arzu, yani haz alma arzusu üzerine odaklandığını anlamamız gerekir. Bu haz alma arzusu, Yaradan tarafından yaratıldı, "yoktan varoluş". Yaradan, bizim zevk almamızı istediği için bu arzuyu yarattı. O'nun doğası mutlak bütünlük olduğu için, doğası O'nu vermeye zorlar. Bu yüzden, O'nun insanı yani haz alma arzusunu yaratması gerekti.

Yaradan'ın yaratılanlara sunmak istediği haz, tek ve salt bir nitelik – bütünlük yani Yaradan'ın hali – ile belirlenir. O'nun tam olarak bize aktarmaya çalıştığı bu niteliktir. Yaradan mükemmeldir ve eşsizdir. O'ndan başka, bütün olan hiçbir şey yoktur. Bu mükemmellik nedeniyle, yaratılana bu mükemmelliği bahşetmeyi arzular. O'nun verebileceği tek şey budur: Kendi mükemmelliği. Bu yüzden, yaratılışın amacı, Yaradan'ın mükemmel manevi haline gelmektir.

Yaratılanın Yaradan'da olan o mükemmel manevi hale erişebilmesi için, Yaradan yaratılanı yarattı ve O'nun durumu, yani bütünlük durumu üzerine "yorum" yapmasına izin verdi. Bu tepkiye, "haz alma arzusu" denir. Doğamızın kendi özü, bütün veya bütünden biraz daha az manevi bir seviyeyi hissetme yeteneğidir. Yaradan'ın manevi seviyesi tam mükemmelliğe işaret eder ve Yaradan'a dair hissiyatın tamamen yokluğu ise tam mükemmel olmayışın seviyesine işaret eder.

Hoşumuza gitse de gitmese de, sadece bir tek şeyi arzularız: Yaradan'ı hissetmeyi veya Kabala'da denildiği gibi, ışığı hissetmeyi. Doğal olarak, amacımız Yaradan'ın seviyesine gelmek, O'nunla birleşmek, O'nun niteliklerini edinmektir. Islahtan sonra, Yaradan'la aynı manevi seviyede olmalıyız. Orada birbirine benzeyen iki bütünlük halinin olması mümkün değildir. Sadece, tek bir mükemmellik vardır ve tanım olarak, bu her şeyi kapsar ve dolayısıyla bunun gibi olabilecek hiçbir şey yoktur.

Bu nedenle, sadece hazzın varlığına veya yokluğuna tepki gösterebiliriz. Mükemmellik hissiyatı, haz hissiyatı veya onun eksikliği ile birlikte, yeni bir araç ortaya çıkarır: akıl. Akıl, yeni manevi seviyeleri (haz olarak hissettiğimiz mükemmellik seviyeleri) daha çabuk ve daha etkin şekilde edinmemiz için bize hizmet eder.

İnsan aklı, haz alma arzumuzun gelişmesinin bir sonucudur. Alma isteğimiz tarafından, bir yardımcı donanım gibi haz edinmenin yeni yollarını araştırıp bulmak üzere yaratılmıştır. Yine alma isteğimiz tarafından da kontrol edilir. Etrafımızdaki doğada görürüz: Eğer haz alma arzusunun gücü küçük ise, akıl da gelişmemiştir. İhsan etme arzusu daha büyük ise akıl daha gelişmiştir.

İnsanoğlu, daha akıllı olmak istediği için değil daha büyük hazlar istediği için gelişiyor. Haz alma arayışı, insanoğlunu aklı, bilimi ve diğer her şeyi geliştirmesi için zorlar. "Sevgi ve açlık dünyayı yönetir," derler. Bu demektir ki, haz arayışımız ve acıdan kaçınma arzumuz, her hareketimizi ve aslında dünyayı kontrol eder. Aklımız, zevk alma arzusuna olan bağımlılığımızın ölçüsüne göre gelişir.

Gelişimimiz direkt olarak acıya dair hissiyatımıza bağlıdır. Kişi daha fazla acı çektikçe, daha fazla edinmek ister, daha üstün zihinsel beceriler edinme ihtiyacını daha fazla hissettikçe de aklımız daha fazla gelişir.

Bunun tersi de doğrudur. Kişinin doğuştan olağanüstü zihinsel ve analitik becerilere sahip olması mümkündür. Fakat hayatta her şeyi hiç çaba sarf etmeden elde ederse aklı gelişmeyecektir, ancak gerileyecektir. Bu yüzden, tamamen hayvanlar gibi yaşayan zengin insanları o kadar kıskanmaya değmez, çünkü o toplum bir manevi çöküş içindedir. İnsanlık tarihi, imkânsız koşullar altında var olma yolunu sürekli arayışın etkinliğini daima kanıtlar.

Bu yüzden, düşünmek sadece tamamlayıcı bir fonksiyondur ve haz edinmemize yardımcı olmak üzere yan süreç gibi gelişir. Temel doğamız, sadece haz arayışıdır. Aslında bu hazzı, Yaradan'ın mükemmelliğinin hissiyatı olarak bilinçsizce içimizde tanımlarız.

Mükemmelliğin manevi seviyesini edinebilmemiz için, bu tutkunun içimizde tam olarak nasıl geliştiğini anlamamız gerekir. Baal HaSulam, dünyamızın manevi ve fiziksel olaylarını, gelişimimizi etkileyen dört farklı elemente ayırır. İlk element – "yatak" – temeldir, insanın toplam genidir.

İkinci element – özümüzün, yani yatağın gelişmesini sağlayan yasalardır. Özümüzde daha önceden belirlenmiş veriler bulunur. Örneğin, toprağa bir tohum ektiğimizde onun hangi kurallara göre gelişeceğini kesin olarak biliriz. Gelişimin özü ve yasaları en son ürünü belirler; ürünün sadece içsel elementler tarafından etkilendiğini kabul edersek.

Ancak, Baal HaSulam, aynı zamanda evrimin iki dışsal elementi olduğunu da savunur. Beni etkileyen dışsal durumlar vardır. Bu dışsal durumlar, kendimi nasıl ıslah edeceğimi belirler. Böylece, kendimin dışında (yani ilk element olan özüm dışında) ve içsel programımın dışında (ikinci element), içsel programı etkileyen dışsal bir element de vardır.

İçsel gelişim programımı etkileyen bu dışsal element, gelişimin kendi yasalarıyla, toplumun, doğanın ve evrenin gelişim yasalarıyla işler. Tüm bu kurallar da beni etkiler, yani önceden tanımlanmış, değişmeyen içsel elementler vardır ve sonra bir de içimde, dışsal çevrenin etkisiyle değişen üçüncü bir element vardır. Önceden belirlenmiş olan gelişim kurallarına bağlı olarak değişen bir dışsal çevre vardır ve dolayısıyla o da beni etkiler.

Önceden belirlenmiş olan içsel ve dışsal elementlerimi değiştiremem. Kendi evrimleşme yasalarına göre değişen dışsal koşulları değiştirmeyi de beceremem, hatta anlayamam. Sadece içsel kısmımı etkileyen o dışsal gücü etkileyebilirim. Fakat Tora der ki, kendimi bu şekilde ıslah edebilir, kendimi ve dünyama dair hissiyatları kontrol edebilirim. Çevremdekilerle etkileşim aracılığıyla manevi ilerleyiş yolunu kontrol ederim.

Sonuçta, kesin bir yol vardır ve bu yolla bir fark yaratabilirim. Bu demektir ki, daha önceden belirlenmiş parametrelerle hareket eden bir robot değilim. Seçme özgürlüğüne sahibim! Bu elementi etkileyebildiğim takdirde, ruhun verili parametreleri dışındaki her şeyi aslında değiştirebilirim. Öyleyse bana kalan nedir? Yaşamım boyunca başıma gelmesi gereken her şey, yani yolum bana kalır!

İlk element, yani yatak, kişinin manevi seviyesini belirler ve Yaradan'dan aldığımız temel maddemizdir. Yaradan, onu "yoktan var etti." Bu ilkel madde bizim içimizdedir ve bizim için önceden belirlenmiş ve tanımlanmıştır.

Özümüz bir tohum gibidir. Ancak, biz bitkisel seviyede değiliz, onun üzerindeyiz. Bu yüzden tohumun yaşam döngüsünü inceleyebilir, çalışabilir ve onu kontrol edebiliriz: Tohumu ekeriz ve tohum yeni bir hayata büyümeye başlar veya çürür ve ölür.

Ancak, kendi yaşam döngümüzü aynı şekilde analiz etmeyi beceremeyiz çünkü içinde bulunduğumuz aynı manevi seviyeden gelir. Sadece dünyamızın seviyesi üzerine, daha üst bir seviyeye, manevi dünyaya yükselmeyi başarabilirsek gelecek reenkarnasyonlarımızda bizlere neler olacağını görebileceğiz.

Tohum çürüdüğü ve ondan geriye hiçbir şey kalmadığı zaman, toprak olduğu zaman, yani ancak cansız olduğu zaman yaşamın yeni formu gelişmeye başlar. Önceki şekil çoktan tümüyle gitmiştir ve geriye kalan tek şey ruhtur, yani yeni bir hayatın başlangıcını oluşturan güç.

Eğer o tohumla aynı seviyede olsaydık, o yaşam döngüsünü ve içinden geçtiği değişimleri analiz edemez ve değerlendiremezdik. Tohum ölür, tamamen çürür, yok olur ve sonra tekrar büyümeye başlar. Yeni tohum büyüdüğü zaman, önceki hayatın tüm temel nitelikleri yeni hayatın içinde kalır. Gerçi hiçbir fiziksel nitelik kalmamıştır. Her şey çürür fakat kalan manevi güçten, yani ruhtan yeni bir embriyo doğar. Böylece yeni bir yaşam döngüsü başlar.

Peki, önceki durumdan geriye kalan ve bir sonraki duruma geçen şey nedir? Tohuma olan şey, bize yani fiziksel bedenlerimize olana oldukça benzer. Bedenimiz çürür, yeni bir beden alırız ve ruh, manevi potansiyelimiz tohumda olduğu gibi genlerde kalır. Genler bilginin gücüdür. Ruh, önceki durumdan, yani eski bedenden yenisine geçer. Bu, ani bir fiziksel kesilme aracılığıyla olur.

Bu bir fiziksel kesilme durumudur: Önceki beden ölür ve çürür, eski bedenden yeni beden doğar ve orada çürüyen tohumdan şimdi yeni bir tohum olmuştur. Neden eski bir hayattan yeni bir hayata geçişi bir tohumda görebiliyoruz da, bu durumu kendimizde tanımlayamıyoruz? Çünkü dünyamızdaki yaşam döngüsünü, sürecin yer aldığı seviyeyle aynı seviyede bulunurken izliyoruz.

Ruhlarımız bir şekilde farklı bir süreçten geçer. Ruh, hayvanî olmadığı için bedenle birlikte gitmez, ancak Yaradan'ın bir parçasını oluşturur. Ruh, bu dünyanın bir ürünü değildir.

Oysaki tohum, sabit bir genetik veri dizisinden daha fazlasını taşımaz.

Yaradan'dan gelen ruha, "perde" veya "yansıyan ışık" denir. Yaradan'ın bir parçasıdır. Tamamen özgecil oldukları için bu manevi niteliklerin dünyamızda hiçbir kökü veya paralelliği bulunmaz. Gerçi henüz bu nitelikleri içimizde hissedemesek dahi sadece onların aracılığıyla yaşamın ruhunu bize veren o zayıf ışık yansır.

Bu yüzden, ruh bedenden ayrılır ayrılmaz farklı bir bedene geçer. Ruhun başka bir bedene girmesi için fiziksel bedenin yok olmasını beklemeye hiç gerek yoktur. Ruhun serbest bıraktığı beden, ruhla olan tüm temasını kaybeder. Gerçi tüm dinler ve inanışlar, fiziksel bedene benzersizlik ve yücelik atfetseler de, Baal HaSulam açıkça şöyle dedi: "Kemik torbamın nereye gömüleceği umurumda değil."

Hocama, ölen eşinin nereye gömülmesini istediğini sorduklarında çok basit cevap verdiğini hatırlıyorum: "Ne önemi var, en yakın mezarlığa." Bu arada, o da babası gibi, "saygın" bir mezar konusunda hiçbir endişe duymadı.

Döngünün içinde bir önceki parçadan bir sonrakine geçen manevi güçlere "yatak" denir, yani manevi veri tabanı, öz. Eğer bu bir buğday tohumu ise, buğday tohumu olarak kalacaktır. Eğer bu belli bir ruh ise, aynı o ruh olarak kalacak, ancak başka bir bedende olacaktır.

Ruh hangi beden içinde gelecek? O ruhun içinde kayıtlı olan programın uygulanmasına en uygun olan beden içinde gelecek. Ruhun içsel nitelikleri, yapısı ve ıslah için olan yolu içinde geleceği fiziksel bedenin niteliklerini belirler.

Bu açıklamadan şunu çıkarabiliriz: İnsanların doğuştan aldıkları nitelikler, karakter, ihtiyaçlar, tutkular ve arzulardaki farklılıkların hepsi, ruhun içsel nitelikleri tarafından ve bu dünyaya iniş nedeni olan programı gerçekleştirme ihtiyacı tarafından belirlenir.

Bu yüzden dünyamızda özürlü insanlar veya zihinsel hasarı, psikiyatrik sorunu, doğuştan sakatlığı olan insanlar vardır. Her şey ruhun nitelikleri, onun birincil parametreleri tarafından belirlenir. Yaratılışın büyük resmini göremez ve anlayamayız. Dolayısıyla, Yaradan'ın bu durumlarını kavrayamaz ve tabii ki haklı çıkaramayız.

Yaradan'ın hareketlerini haklı çıkarmak için, insan evrenin genel resmini görmeli ve anlamalıdır. Aksi halde, kişi ilahi takdir içindeki az ya da çok kusurları bulmaya zorlanır. Bu yüzden, sadece bu büyük resmi görebilen bir Kabalist Hak'tan yana olma durumuna layık olur, Yaradan'ın hareketlerinin adil olduğunu düşünür.

Ancak kişi, "yatak" içindeki ilk parametrelerini doğru şekilde kullanmak için, içinde aktif olması gereken manevi alanda en azından yeterli olmalıdır. Bu yüzden kişi, maneviyatta ilerlediği ölçüde manevi eylemler gerçekleştirebilir ve üst dünyaya yükselebilir. Kişi, sadece kendi perdesi ölçüsünde, Yaradan'ın izin verdiği niteliklerin kabulü ölçüsünde dünyayı idare etmekte Yaradan'ın "yerine geçmeye" başlayabilir. Bu, Kabala bilgeliğinin özüdür.

Özetlersek, gelişimimizdeki ilk element "yatak"tır ve o bizim özümüzdür. İkinci element, yatağın işlevsel gelişimidir. Tohumumuz belli bir şekilde gelişmelidir, belirli manevi gelişim evrelerinden geçmelidir. Her tohum, gelişen her nesne, kendi benzersiz evrelerinden geçer.

Eğer başka bir bitki ise, örneğin mısır ise, farklı kurallarla, farklı bir hızda, farklı niteliklerle ve farklı miktarlarda gelişecektir. Bu demektir ki, çürümüş tohumdan yeni tomurcuğa sadece öz değil, diğer nitelikler de geçer. İkinci element, yeni tomurcuğun ne şekilde büyüyeceğini belirler. Aynı tür ve biçimde olsa da tek bir tomurcuk veya bir dizi olabilir, gelişimin iyi tanımlanmış ve önceden belirlenmiş (ilk element) yasalarına uyar.

Özümüzün gelişimini etkileyen eşsiz niteliklerden bir tanesi de, bir hayattan bir sonrakine geçiş sırasında ani bir sonun olması ve fiziksel bedenin yok olmasıdır. Bu durum, yeni bir yaşam alan yeni varlığın niteliklerinde keskin değişimlere imkân sağlar. Bir önceki yaşam ile şimdiki yaşam arasında tamamen fiziksel bir ayırım olduğu için bu değişimler mümkün olmuştur.

Baal HaSulam der ki, manevi gelişimin her aşamasında yaratılışın seviyesini belirleyen sadece dört element vardır. Bu dört element, dünyamızda olduğu gibi manevi dünyada da yaratılışın özünü doğanın tüm seviyelerinde şekillendirir. Biz, sadece bu dört elementin etkisinin bir sonucu, bir ürünüyüz.

Tüm bunları, elementlerin birkaçını olmasa bile en azından bir tanesini, bir şekilde bir dereceye kadar etkileyip etkileyemeyeceğimizi ve bunu yapmanın en etkin yolunun ne olduğunu bilmek için öğreniriz.

Üçüncü element, daha önce söylediğimiz gibi, dışsal koşulların etkisi altında değişir. Yani öyle dışsal koşullar olabilir ki, gelişimin yönünü daha iyiye veya daha kötüye değiştirebilir. Evrim devam edecektir, bu kaçınılmazdır. Fakat dışsal koşulların etkisi yüzünden gelişimin biçimi önemli derecede değişebilir.

Farz edelim ki birkaç parça arazimiz var ve her birine aynı çeşit tahılı ekelim ve her biri için farklı iklim koşulları oluşturalım. Bir arazi parçasında güneş ışığını bloke edelim, diğer arazi parçasını susuz bırakalım, üçüncü arazide otları temizlemeyelim vb. Güneş, su, ısı ve yabani otlar gibi dışsal elementlerin bitkinin gelişimini ne kadar etkilediğini göreceğiz.

Gelişimin içsel programı önceden verilmiş olsa da, onun uygulanması dışsal koşullardan etkilenir. Böylece, daha sonra göreceğimiz gibi, şu sonuca varırız: Eğer kişi, manevi gelişimini destekleyen ideal bir çevre bulursa doğuştan gelen niteliklerini daha etkin şekilde gerçekleştirebilir, yani birinci ve ikinci elementlerini en maksimum derecede değerlendirir.

Kişi, pozitif olan manevi gelişimine çok "zararlı" olan niteliklerle doğmuş olabilir; fiziksel, zihinsel, psikolojik veya ruhsal zayıflık gibi. Fakat aynı bir tohum gibi, kişi pozitif olan dışsal faktörlerin etkilerine maruz kalınca bunlar onun durumunu radikal şekilde değiştirecek ve doğal niteliklerine hiçbir görünür bağı olmayan, hayret verici sonuçlar getirecektir.

Belki de bu kişi, kendi doğal niteliklerine bakarsak, manevi gelişim için bir şansa sahip değildi. Fakat nihayetinde, toplumun etkisi altında muazzam bir manevi gelişim edinebilir. Bazen, içinden geçtiği bu değişimlere inanmak zordur. Bu değişimin sebebi, doğru zamanda doğru yerde olması, ona destek olan ve yardım eden bir toplumun içinde olmasıdır.

Bu durumu tahılda da açıkça görebilirsiniz. Bu demektir ki, bizim problemimiz tohumdan nasıl bir nihai sonuç edinmeyi istediğimizdir. Yeryüzünde mümkün olan en iyi ürünleri yetiştirmek için bütün bir bilim yarattık çünkü kendi varlığımızın buna ihtiyaç duyduğunu hissediyoruz. Arzu edilen sonuçların çok farkındayız, ne arzulayacağımızı ve sonunda nereye ulaşmamız gerektiğini biliyoruz.

Tohumun son amacını bilir ve tüm gelişim zincirini inşa ederiz: Her tohumda belli miktarda karbonhidrat, protein ve yağ olmasını sağlayacak, onu belli bir büyüklüğe ve renge getirecek, kısa ve yoğun bir gelişim süreci planlarız.

Çünkü tohumun nasıl geliştiğini, hangi koşullar altında nasıl gelişeceğini biliriz. Tohum için en uygun koşulları yaratabiliriz. Eğer tohumu fazla ısıtırsak yanar, eğer çok fazla su verirsek çürür. Her tür tahılın büyümesi için hangi koşulların kesin gerekli olduğunu bilmeliyim. Tüm bunları bildiğim zaman, ne elde etmeye çalıştığımı bilirim ve arzu edilen sonuçları edinmeyi başarırım.

Bu demektir ki, niteliklerimizi anlamak yeterli değildir. Kendi niteliklerimizi farklı dışsal koşullar yaratarak etkileyebiliriz. Problem şudur ki, bunu yapabilmemiz için kendi içimizde yeterli olmamız gerekir. Kişinin nihai durumunu ve varmamız gereken sonucu anlamalıyız.

Eğer bu problemi en uygun sonuçla çözersek, manevi bütünlük seviyesini edindik demektir. Özümüz haz alma arzusudur. Bizim için haz, ışığın, Yaradan'ın hissiyatıdır, yani bütünlüğün hissiyatıdır. Yaradan'ı hazzın nihai formu olarak hissederiz.

Yaradan'ı hissedeceğim manevi seviyeye doğru nasıl evrimleşebilirim? Her zaman Yaradan'la birlik olmalıyım, O'na sıkıca bağlanmalıyım. O zaman daima Yaradan'ı manevi olarak hissettiğim seviyede olurum.

Fakat Yaradan'la sürekli, hiçbir ölümün, hiçbir kusurun olmadığı bir yerde birlikte olmak ne demektir? Bunu nasıl edinebiliriz?

Kabala bilgeliği, manevi dünya açısından bunu şöyle açıklar: Bir şeye yakınlaşmak onun niteliklerini kabul etmek demektir. Dünyamızdaki fiziksel uzaklığı kapatarak Yaradan'a yakınlaşamam. Aramızdaki manevi boşluğu geçmeliyim. Yaradan benden gizlenmemiştir. Sadece bizim niteliklerimizde eşitlik olmadığı için manevi dünyada Yaradan'dan uzağımdır ve açıkça O'nu hissedemem.

Bugün bana diyorlar ki, manevi niteliklerim Yaradan'ınkilerle tamamen zıt ve bu yüzden O'nu hissedemiyorum. Yaradan'ı hissetmeye başlamak, manevi dünyaya, üst dünyaya girmektir. Manevi dünyaya kabul edilmek, edinim demektir, manevi hissiyat demektir. Fakat hissetmeye başlamak, Yaradan'ın niteliklerini edinme niyetidir, böylece bu nitelikler içimde olur.

Bundan sonra, manevi değişimlerden geçerek, Yaradan'la tamamen birleştiğim manevi seviyeyi yavaş yavaş edinirim ve O'nun yerini alırım. Bunun olması için, O'nun tüm niteliklerini bütünüyle benimsemeliyim. O zaman ebedi edinimi ve ifşayı, sonsuz hazzı edinebilirim. Böylesi bir manevi seviyeye bilinçli bir şekilde gelebilir miyim?

Tabii ki etrafımda belli bir çevre yaratmalıyım. O çevre beni öyle bir biçimde etkileyecek ki Yaradan'ın niteliklerini edinebileceğim. Bu durumda, yavaş yavaş O'na doğru yaklaşmaya başlayacağım. Fakat böylesi destekleyici bir çevreyi nerede bulacağım ve böyle bir çevre olup olmadığını ve nerede olduğunu nasıl bileceğim?

Eğer bütün dünyaya bakmaya başlarsam böylesi bir yer bulacak mıyım? İnsanlar binlerce yıldır tüm dünyada araştırdılar ve şu ana kadar hiç kimsede bir ipucu yok. Binlerce yıl geçti ve halen hiç cevap yok. Yüzlerce kitap yazıldı, en garip felsefeler icat edildi, fakat yeryüzünde çok az mutlu insan var ve böylesi bir toplum muhtemelen mevcut değil. Öyleyse, niteliklerimizi etkileyebilmek için ve kendimizi Yaradan'a, mükemmelliğe manevi olarak yakınlaşmaya doğru itmek için ne yapabiliriz?

Yaradan, özel bir ülke, bir ada veya ıslah olmak ve mükemmeliyeti edinmek isteyen kimselerin gidebileceği ve o eşsiz çevreye girebileceği herhangi özel bir yer yaratmadı. Yaradan'ın niteliklerini benimsemek için yolun her aşamasında ne yapması gerektiğini ona gösteren ve rehberlik eden, böylece kişiyi içinden değiştiren ve ıslah olmasına yardım eden bir yer de yaratmadı.

Yaradan, kişinin doğasını açıkça etkileyecek o elementi yaratmadı. Yeryüzünde bu koşullara sahip böylesi bir yer yok. Bunun yerine, Yaradan oldukça farklı bir şey yarattı: Bize Tora'yı verdi.

Günümüzde, eğer kişi üçüncü elementini dışsal elementin etkisi altında değiştirmeye başlamak isterse bunu yapabilir, çünkü kitapları vardır. Eğer kitabı dürüst bir niyetle ve gerçek bir ıslah olma arzusu ile çalışırsa bu kitap onu ıslah etmeye başlayacaktır.

Kitap bunu nasıl yapacaktır? Saran ışık dışarıdan kişinin üzerine yansımaya başlayacaktır. Bu saran ışık, yukarıda bahsedilen dışsal çevredir. Kişi, üçüncü elementini etkileyebilmek için etrafında bu çevreyi yaratabilir. Böylece tohum çürümeyecek, güzelce gelişip olgunluğa erişecek ve mükemmelliğin manevi seviyesini edinecektir.

Kabala bilgeliği, uygun bir çevre yaratabilmemiz, yani bizleri manevi olarak geliştirecek ve ıslah edecek olan saran ışığı çekebilmemiz için birçok kitabın olduğunu ifade eder. Bunun için saran ışığın yoğunluğunu artırmalıyız ki kişiyi daha güçlü şekilde etkilesin.

Talmud Eser Sefirot'a Giriş, Madde 155'te denir ki, sadece orijinal Kabala kitaplarını çalışmanın yardımı ile saran ışığı çekebiliriz, tam olarak onlarda Tora'nın diğer herhangi bir kitabından çok daha güçlü bir ışık vardır.

Kabalistler aynı zamanda şunu söyler: Önemli olan şey, metinlerin kendisini anlamaya çalışmak değil, kişinin ıslah olmak için duyduğu arzudur. Kişinin bu kitapları okumasının nedeni bu arzu olacaktır. Ruhun manevi güçleri yaymak için duyduğu ihtiyaç ise en önemlisidir. Bu şekilde kişi, en destekleyici çevreyi yani saran ışığı kendi etrafında yaratabilecektir.

Saran ışık, kişi onu kendine çekmek istediği ölçüde kişinin üzerine yansır. Eğer kişi ışığı arzulamazsa, yani ıslah olmak ve Yaradan'ın manevi niteliklerini edinmek için hiçbir niyeti yok ise, ışık ona gelmeyecektir. Her kişi, ruhunun içine çekmesi gereken ışığın belli bir miktarına sahiptir. Bu arada, bu ışık, ruhun dışında durur ve içeri girmek için bir şans bekler. Bu yüzden ona saran ışık denilmiştir.

Bu saran ışığı, bu çevreyi, onun içinde olmak için uyandırabilirsiniz, ancak bunu sadece ona ihtiyaç hissettiğiniz ölçüde yapabilirsiniz. Bu yüzden kişinin manevi dünya için arzu duyması gerekir. Bu manevi arzuyu bir grup içinde çalışarak edinmek mümkündür. Kişi doğal olarak toplumun etkisi altındadır. Bir grup içinde çalışırsınız ve diğerlerinin sizi etkilediğini hissetmeye başlarsınız ve siz de diğerlerini etkilemeye başlarsınız. Onlar size önemin hissiyatını verir ve siz de manevi dünya için daha güçlü bir tutku elde edersiniz.

Eğer manevi arzunuz güçlü değilse fakat istikrarlıysa, grup bu arzuya yakın durmanız, onu korumanız ve hatta yoğunlaştırmanız, yani Yaradan'dan daha fazla manevi yardım istemeniz için size bir şans verir.

Bu yolla, doğru ıslah aracılığı ile ve grubun lideri tarafından yönlendirilerek, doğru hedefi edinirsiniz. Size manevi olarak gelişmenizde en etkin şekilde yardım edebilecek, destekleyici bir çevre içinde bulunurken, saran ışığı çekmeye başlarsınız; tıpkı en ideal ziraat koşullarının keyfini çıkaran bir tohum gibi.

Bu, sanki verimsiz bir toprak parçasından, güneşi, suyu ve havası olan, yabani otları olmayan iyi bir toprak parçasına gelmeye benzer. Eğer kişi bu geçişi yaparsa, "Talmud Eser Sefirot'a Giriş" te söylendiği gibi üç-beş sene içinde amacı edinecektir. Yaradan'ı hissetmeye başlayacak, O'nun niteliklerini edinecek, bariyeri geçecek ve birleşmenin ilk seviyesine yükselecektir.

Daha sonra, bir sonraki seviyeye yükselecek ve böylece devam edecektir. Tam tamına 620 seviye vardır: 613 Mitsvot (sevaplar) ve yedi tane de "hocalarımızın" Mitsvot'u. Kişi, 620 seviye süresince içindeki 620 arzuyu ıslah eder. Her seviye belli bir arzudur. Kısaca diyebiliriz ki, sadece dışsal etki altında arzularımızı ıslah edebiliriz. Bu yüzden amacımızın özü uygun yaşam çevremizi belirlemek ve seçmektir.

Bunun yanı sıra dördüncü element vardır. Bu dördüncü element, bizi etkileyen elementin dışsal koşullarıdır. Dolayısıyla, onlar da değişebilirler, hem de en sert şekilde.

Örneğin, kuraklık olabilir veya çok fazla yağmur yağabilir ve hasat ölür.

Bu elementin gizli anlamını burada tartışma özgürlüğüne sahip değilim çünkü anlayışımız ve yargımız ötesinde bulunan durumlar hakkında konuşuyoruz ve bu koşulları biz etkileyemeyiz. En azından bugün, şu anki manevi seviyemizde, bu elementi kontrol edemez ve yönlendiremeyiz. Fakat en azından böylesi durumlar için bir örnek sunmalıyız, dördüncü elementin etkisine dair bir örnek, çünkü manevi gelişim sürecimizde onun da kendi doğal ve nesnel ağırlığı vardır.

Talmut, bize bir örnek verir: Bir zamanlar küçük bir kasabada çok bilge bir adam yaşardı. O kasabada başka birçok bilge adam vardı ve onların varlığı eşsiz bir çevre yaratmıştı. Bu kasabada birçok bilge adamın yaşadığına dair bir hissiyat oluşmuştu. Bir gün, yakındaki bir kasabadan zengin bir adam bu kasabaya geldi. Aynı zamanda fakir de olan bilge adamın yanına gitti ve dedi ki: "Sizin için kasabamızda, Tora'nın öğrenileceği bir okul inşa edeceğim. Birçok öğrenciniz olacak. Bütün giderleri karşılayacağım, bütün problemleri üstleneceğim ve siz büyük bir hoca olacaksınız. İsteyen herkes gelecek ve sizinle çalışacak, hatta ben bile sizin rehberliğinizde çalışmaya başlayacağım." Fakat bilge adam bu teklifi reddetti ve şöyle açıkladı: "Bu iki bin yıllık bir hikâye. Durum şu ki, eğer yeni bir yere taşınırsam şu an içinde bulunduğum çevrenin etkisinden çıkacağım. Bu çevre içinde geliştim ve onun sayesinde bilge oldum. Orada, sizin kasabanızdaki toplumun etkisine maruz kalacağım ki o toplumun en belirgin örneği sizsiniz. Toplumunuz beni etkileyecek. Sonuç olarak, bugün bilge olmama ve bu bilgeliği kendi başıma edindiğim için hiç kimseden öğrenmeye ihtiyacım olmamasına rağmen ben yine de etkileneceğim. Dolayısıyla, bütün olsam bile ve çok büyük bilgiler edinmiş olsam bile, sizin ve sizin gibi insanların çevresinde olmak sonuçta bana seviyemi kaybettirecek ve sizin manevi seviyenize inmeme neden olacak. Arzularımı kaybedecek ve sizin gibi olacağım."

Bu çok net bir örnektir; hiçbir gizli işaret yoktur ve tam olarak realitede olduğu şekildedir. Kişi, toplumun olumsuz etkisiyle, maneviyatta bilinçsizce gerileyebilir, hem de çok hızlı bir şekilde. Daha da ötesi, tüm yol boyunca kendini ve toplumu haklı çıkartacaktır. Materyalist bir toplumda olan budur. Manevi bir çevrede, kitapların ve grubun etkisiyle kişi muazzam bir güç ve hızla ilerler ve hemen değişmeye başlar.

Bu yüzden, Kabala bilgeliğini ve üst dünyayı dilinin ucuyla tatmak isteyen, azıcık bile olsa Yaradan'ı anlamak isteyen kişi kendisini şu anki çevresinden tamamen ayırmalıdır. Manevi gelişimini olumsuz etkileyebilecek tüm unsurları çevresinden çıkarmalıdır: Diğer spritüel metotlardan bahseden kitaplar, çeşitli felsefe ve mistisizm türlerini uygulayan gruplar vb.

Kısacası, ciddi bir kişi, hangi unsurların, onu ve gelişimini ne zaman etkilediğinin farkında olmalıdır. Genel konular hakkında konuştuğu iş arkadaşları yaşamının gidişatını önemli ölçüde etkileyemez.

Baal HaSulam bir mektubunda, Yaradan'a götüren arabanın çok dar bir yoldan geçtiğini yazar: Kişi devamlı olarak hareketlerini ve düşüncelerini incelemeli, doğru yönde olup olmadığına bakmalı, yolun her aşamasında onları ıslah etmeli, yani ona gelen her yeni düşüncede bunu yapmalıdır, ama kişi yanlış bir toplumun etkisi altında ise, doğal olarak bunu yapamayacaktır.

Çeşitli rahatsızlıklar ve diğer kişilerin olumsuz etkileri, manevi süreci yavaşlatır, kişinin gelişim yönünü değiştirir, onu oyalar, durdurur, yanlış yola sürükler. Eğer Kabala çalışan bir kişi, manevi gelişim gibi görünen diğer metotları takip ederse, yolunu tamamen kaybeder, çünkü sadece belli bir mistik metodun etkisi altında değil aynı zamanda Kabala'nın ve diğer bazı metotların birleşimi altındadır. Bu birleşim çok tehlikeli olabilir çünkü öngörülemeyen sonuçlar doğurur.

Aynı anda birçok çevrenin içinde yaşamak imkânsızdır. Bu durum, kişiyi öngörülemeyen bir şekilde ve olumsuz olarak etkileyebilir. Komedi seyredebilir, gülebilir, haberleri dinleyebilirsiniz, fakat sizi doğru yoldan çıkarabilecek düşünceleri asla almamalısınız.

Gördüğünüz gibi, çevrenin seçimi kişinin içinde bulunduğu manevi seviyeden bağımsız olarak kişinin geleceğini belirler. En yüce hoca (Kabalist) bile, diğer etkilere karşı nasıl dikkat etmesi gerektiğini bilir – hiçbir koşul altında, onu olumsuz şekilde etkileyen bir toplumun içine kendini asla bırakmayacaktır. Böylesi bir toplum hayatı içinde yer almayacaktır çünkü onun etkisine direnemeyeceğini bilir.

Bu yüzden, bizimle çalışmaya başlayan kimse Kabala bilgeliği çalışmasından olumlu bir sonuç edinmek için grubumuzun yaşamı içinde aktif olarak bulunması gerektiğini anlamalı ve bunun farkında olmalıdır. Derslere gelmek ve katılmak ama sosyal yaşama katılmamak aslında çok etkisiz bir yoldur.

Aynı durum internet aracılığıyla çalışanlar için de geçerlidir. Kendi kontrollerinin ötesinde olan koşullara bağlı olarak bizden çok uzak olsalar dahi harcadıkları manevi çabaya bakarak sadece grupla fiziksel temasları olmadığı için üst dünyaya arzulanan hızda ilerlemelerinin durduğunu görebiliriz.

Kurduğumuz kapsamlı internet sitesi, kitapların basımı, dersler ve gazete makaleleri, bunların hepsi, manevi düşünceleriyle dünyayı etkileyecek yeni bir çevreyi dünyamızda yaratmak için yapılmıştır.

Yaptığımız her şey pratik bir şekilde yapılmıştır. Böylece sonunda, aynı değerleri ve manevi düşünceleri taşıyan, küçük gruplardan ve ayrı bireylerden oluşan, büyük ve homojen bir toplum yaratabiliriz ve birlikte dünyanın manevi ortamını etkileyebiliriz.

Grubun etkisi belirleyici faktör olarak kalır. Dünyanın her tarafındaki öğrencilerle olan tecrübeden görüyoruz ki eğer kişi grubun desteği olmaksızın kendi başına Kabala çalışıyorsa, kendi manevi merkezinden uzaktaysa, aslında manevi anlamda doğru şekilde gelişme şansına sahip değildir.

İsrail'de, Amerika'da, Kanada'da ve Avrupa'da, radyoda, televizyonda ve üniversitelerde dersler veriyorum ve bu insanları görüyorum. Orada bulunduğumda gece gündüz çalışmaya gönüllüler, fakat ben ayrıldıktan sonra çalışmayı unutuyorlar. Beden acı çekmek istemez ve hiçbir ilerleme olmadığını bilince maneviyat için olan arzuya boyun eğdirir, hayatın amacını unutmayı tercih eder ve onu terk eder. Onlardan ayrıldığım zaman, onları saran çevrenin hemen bu dünyanın ihtiyaçlarını tatmin etmek üzere onları geri çekeceğini biliyorum.

Dolayısıyla, manevi gelişimi ciddi olarak düşünen kimse, kendisine bir çevre bulmalı ve bir grup inşa etmelidir çünkü kendisi üzerinde manevi gelişimi üzerinde çalışabileceği tek yol budur. Kişi, gruba kattığı her şeyin karşılığını gruptan alır. Gruba daha fazla verdikçe grup da onu daha fazla etkiler. Grubun ne kadar büyük olduğu veya manevi kalitesinin ne olduğu önemli değildir. Grubun kalitesi ve büyüklüğü nesnel unsurlardır, fakat kişinin onlardan ne alabileceği, tamamen onlara karşı olan öznel tavrına bağlıdır.

Toplumun ve grubun etkisi aynı zamanda düşüş evreleri içindir. Eğer kişi düşerse, grup onu tekrar yükseltebilir ve böylelikle özellikle zor zamanlar sırasında seviyeler arasındaki geçiş zamanını kısaltır.

Toplum, kişinin en zor durumlarla baş etmesine yardım eder, çünkü toplumun kişinin manevi durumunu etkileme gücü muazzamdır. Her şeyin doğru miktarda olduğu en uygun yetiştirilme çevresinde olmak gibidir ve her şey daha hızlı büyümeye başlar.

Bu yüzden, doğru bir çevrenin içinde olmaktan başka hiçbir şey için endişelenmemeliyiz. Baal HaSulam, kişiyi etkileyen dört element içinden sadece bir tanesine işaret eder. Kişi, yaratılışın amacına gelmek üzere kendini ıslah etmek için bu elementi etkileyebilir.

Bu demektir ki, diğer başka faktörleri düşünmeye bile iznimiz yoktur. İlk seviyemize bakarak, Yaradan'la birleşmeye hazırlanmadığımızı, kontrol edemediğimiz dışsal durumlar tarafından etkilenen, yanlış koşullar içinde olduğumuzu düşünmemeliyiz. Kontrol edebileceğim sadece tek bir şey vardır ve bu yapabileceğim ve yapmam gereken tek şeydir – doğru çevreyi yaratmak.

Diyebilirsiniz ki, Yaradan'a doğru birçok yol vardır ve bir yol diğerine müdahale etmemelidir. Bu doğrudur (hatta Tora'da şöyle bir ifade vardır: "Yaradan'a doğru birçok yol vardır.") Fakat bu demektir ki, her ruhun kendi ayrı durumları, Yaradan'a yaklaşmak için benzersiz bir yolu vardır. Ancak kişiyi Yaradan'a götüren grubun etkisidir ve bu asla değişmez.

BAZI SORULAR

Hak'tan Yana Olan Istırap Çeker, ne demektir?

"Hak'tan Yana Olan Istırap Çeker" bir manevi durumdur ve "sevinç" manevi durumundan önce veya "Hak'tan Yana Olan Sevinir" durumundan - ifşayı takip eden durum - önce gelir. Fakat kişi "büyük sevinç"ten sonra neyi keşfeder? Şu anki seviyesine göre, Yaradan'a süresizce verebilir olduğu gerçeğini keşfeder. Kişi gerçekten bu arzuyu edindiği zaman bir kabı vardır, yani Yaradan'la birleşme becerisi vardır.

Islah olma sürecini nasıl hızlandırabilir ve Yaradan'ın ifşasına nasıl layık olabiliriz?

Yaradan'ın ifşasını kapların ıslahı amacı için talep etmelisiniz. Sonsuzluğun Malhut'u (Eyn Sof'un Malhut'u), yani maksimum alma arzusu kendini kısıtlar. Bu bize ne öğretebilir? Eğer Yaradan'ı, O'nun varlığını hissedersek bu bize öyle etkili güçler verir ki kendi doğamızı kontrol edebilir hale geliriz!

Kişi, Yaradan'ın ifşasıyla, Yaradan'ın nerede olduğunu ve bizim nerede olduğumuzu açıkça anlar. Yaradan'ın ifşasına dair süreç O'nun önünde duruyormuşuz gibi bir histir. Sonuç; hemen kendimizi kısıtlamaya ve "O'nun adına" niyetiyle hareket etmeye gönüllü oluruz. "İçindeki ışık ıslah eder," cümlesinin anlamı budur.

"Kötü eğilimi ben yarattım, Tora'yı da şifası için yarattım," cümlesinin anlamı nedir? Tora'nın gücü nasıl ifade edilir? Halen alıyor iken Yaradan'ın yüceliğini hissetmeye başlamakla ifade edilir. Eğer Yaradan'dan ifşa olmasını haz almak istediğimiz için değil de, bu ifşayı kendi kabımızı ıslah etmekte kullanabilmek için talep edersek, bu ifşa bize bahşedilecektir.

Islah eden ışık vardır ve yaratılış amacının, tamamlanmanın, ışığı vardır. Eğer ışığı kendimizi ıslah etme becerisine sahip olmak için alırsak, o bize çok yüce bir haz olarak değil de "gerçek öz" olarak ifşa olacaktır ki böylelikle Yaradan'a vermek isteriz. Bundan dolayı, özgecil kapları, doğru niyeti, içimizdeki kutsallığın ifşasına gelmek için gerekli olan her şeyi ediniriz.

"Şamati" kitabının 4. makalesinde, Kabalist Baruh Aşlag sorar: "Kişi Yaradan'ın önünde eğildiği zaman hissettiği ağırlığın sebebi nedir?" Şöyle cevaplar: "İnanç eksikliği denen basit bir şeydir, yani kişi kimin önünde eğildiğini görmez, yani Yaradan'ın varlığını hissetmez ve bu onun ağırlık hissetmesine neden olur. Fakat Yaradan'ın varlığını hissetmeye başladığı zaman hemen önünde eğilmek kökle bağ kurmak ve meşale önündeki bir mum gibi, akıl ve bilgi olmadan ona dâhil olmak için arzu duyar... Sonuçta insanın çalışması, aslında Yaradan'ın varlığının hissiyatına gelmek içindir... Ve çalışması için beklediği ödül Yaradan'a olan inancın bahşedilmesidir, bundan başka hiçbir şey düşünmez."

Yaradan'dan haz almayı değil, sadece kendimi ıslah edecek gücü isterim. Kişi, yavaş yavaş geleceği hakkında endişelenmeyi bırakır, şu karara gelir; günlük rutin yerine, günlük sevinçler ve acılar yerine sadece tek bir şey ister: Yaradan'ın yardımıyla kendini ıslah etmek, O'nun niteliklerini kabul etmek, O'nun gibi olmak. Bu manevi arzu giderek insanda birikmeye başlar.

Bu arzu aynı zamanda haz alma isteğidir, ancak ıslahtan haz almaktır. Acı çekmek için yaratılmadık. Yaratılışın amacı yaratılanlara haz vermektir. Fakat bu haz Yaradan'a yakınlaşmanın sonucu olmalıdır, çünkü tek sonsuz haz budur.

Yemeğin başında karnım açtı, fakat şimdi tokum. Yemek yemeğe başladığım anda açlık kaybolmaya başladı, yemeğe bile bakamaz oldum. Neden artık yemek istemiyorum? Çünkü artık hiç zevk vermiyor.

Kabımız sınırlı olduğu için kap içine haz alındığı zaman haz hemen azalmaya başlar. Sonsuz haz alımını sağlayan sadece tek bir çözüm vardır; ihsan etmek üzere almak, yani vermek üzere almak. Bu ikinci durumda, kendi hazzım için almak yerine, Yaradan'a memnuniyet vermek için alırım. Eğer kişi bu tür bir haz için arzu duyarsa onu kesinlikle edinebilir.

ÇALIŞMA SIRASINDAKİ NİYET ISLAH OLMA SÜRESİNİ KISALTIR

Eğer kişi kendi içindeki bir eksikliğin farkına vardığı halde, bu nitelikten hâlâ nefret etmeye başlamamışsa içindeki kötü eğilimi tamamen fark etmemiş demektir. Dolayısıyla, bu hissiyata henüz kötü eğilimin tanınması denmez. Fakat bu yine de bir başlangıçtır. Kişi, bu eksikliğin üstesinden gelmeye odaklanır ve üst gücün bu konuda ona yardım ettiğini görür.

Örneğin, kişi, birisinin bir başkasını küçümsediğine dair yukarıdan bir işaret alır. Bu şekilde, üst güç, kişinin içindeki kötü eğilimi ona göstermeye çalışır. Kişi, kötü eğilimi hissettiği ölçüde ondan uzak durabilir. Eğer kişi manevi bir çaba gösterirse, içindeki olumsuz nitelikleri tanımlarsa, ıslah olma süresini kısaltır ve acıyı azaltır. Ancak, eğer kişi bunda ısrar ederse, daha fazla darbe alır, ta ki dayanamayıp "Yeter!" diye haykırana kadar.

Eğer hırsız çalma sırasında yakalanırsa hayatına lânet etmeye başlar. Fakat bir dakika sonra bunun yanlış bir alarm olduğunu görürse sakinleşir. Korku gittiği anda tekrar çalmaya hazır ve isteklidir.

Bu nitelikten kurtulmak nasıl mümkündür? Eğer zevk acıdan daha büyük ise zevkin eksik ve uygunsuz olma gerçeğini kabul etmeye istekliyimdir. Eğer kişi, kötü niteliğini ıslah etmek istiyorsa, ancak onunla tek başına yüzleşecek yeterli manevi gücü kendinde bulamıyorsa, ne yapmalıdır?

Eğer dua – ıslah için talep – sadece kalbin içtenliğinden geliyorsa bu, Yaradan tarafından cevaplanır çünkü O sadece dürüst, tam ve ebedi dualara karşılık verir. Kötü nitelikleri ıslah etmeye yönelik bir dua, kişi sonunda bunu kendi başına yapamadığını kabul ettiği zaman olur.

Hocalarımız, ıslah için tek bir yol olduğunu söyler: Gerçek Kabala metinlerinin çalışılması sırasında ıslah için olan niyet (duada ifade edilir). Kişi, çalışma süresince çalışmasının amacını unutmamalıdır ve bu amaca tutunmak, onu düşünmek için daima manevi güçleri talep etmelidir. Bu yeterli olacaktır.

Çünkü yüce Kabalistler, yüksek bir manevi derecede iken ve üst ışığı görebildikleri zaman yazmış oldukları kitapları bize verdiler. Kabala bilgeliğini bu kitaplarla çalıştığımızda ıslah talebimiz olduğu sürece o ışığı üstümüze çekeriz.

Başka bir deyişle, eğer kurtulmaya çalıştığım sorunu çalışma sırasında düşünürsem, sanki üst ışığı kendi üstüme çekerim, ıslah eden ve şifa veren ışık beni Yaradan'a geri götürür.

Dersteyken veya kendi kendinize çalışırken veya kayıttan dinlerken, daima kendinizde neyin ıslah olması gerektiğini düşünmelisiniz. Sağlık veya başka sorunlar hakkında da düşünebilirsiniz, fakat en başta ve öncelikle manevi ıslah için dua etmeye yoğunlaşmalısınız, çünkü bu, diğer dua ve isteklerden daha fazlasını kişiye verir.

Çalışırken veya dersleri dinlerken, "Bu veya şu niteliği ıslah et" diye talepte bulunamazsınız, ancak bunu düşünebilirsiniz. Hissetmeniz gerekmez. Eğer Tora çalışıyorsanız, zaten kendinizi iyi hissediyorsunuzdur. Çalışırken sadece bu sorunu hatırlamak ve düşünmek yeterlidir.

Örneğin, eğer bir dersi kayıttan dinliyorsam tartışılan içeriğin ne kadarını anladığım o kadar önemli değildir. Kendi niteliklerimi nasıl ıslah edeceğimi düşünmek yeterlidir. Dinleme sırasında dikkatimi kaybetsem bile tüm bu süre içinde Yaradan'ın ışığını, ıslah olmak için arzumu ve Yaradan'a yakınlaşmayı düşünmem Kabala kaynaklarını en etkin şekilde kullanmaktır. Aslında bu, kişinin değişmesine yardım edebilecek tek güçtür.

Her şeyi aynı anda yapmanızı öneririm: Dersi dinleyin, bir yandan bilgeliği, yani Yaradan'ın hissiyatını, O'nun sizinle nasıl ilişki kurduğunu hissedin, diğer yandan da ıslah olma isteğini düşünmeye devam edin. O zaman, çalışma sırasında üzerinize inen ışık düzeltmek istediğiniz soruna gelir. Tam olarak çalışma sırasında ve Kabala bilgeliğini yayma çalışmaları sırasında dua etmeli ve ıslah için talepte bulunmalısınız. Bu aynı zamanda diğer insanlar için olan dualar için de geçerlidir.

Sadece ders kayıtlarını dinleyen ve materyali içselleştirmeye çalışan bir kişi, ışığı çeker fakat onunla bir şey yapmaz. Işık yukarıdan aşağıya doğru gelir ama egoizmle bir temas kurmaz. Onun yerine, içimizden geçer ve bizi terk eder. Işık, onun yoluna yerleştirdiğiniz egoizm içine girmelidir. Aksi takdirde, niteliklerinizi ıslah etmez sadece bilgi edinmiş olursunuz. Duam yapay olsa bile, yine de ıslah edilirim. Böylece kötü eğilimin tanınması sürecini ve bir sonraki ıslahı hızlandırırım.

GÜNÜMÜZ KABALA NESLİ

Tarih boyunca birçok Kabalist, Kabala'nın en eski kitaplarından başlayarak, Kabala dağıtımının önemi üzerine yazmıştır. Melek Raziel, ilk insan Hz. Âdem (Yaratılışı sorgulayıp maneviyatı edinmesinden dolayı ilk insan denmiştir) tarafından yazılmıştır. Sefer haYetsira, Hz. İbrahim tarafından yazılmıştır. Zohar Kitabı, M.S. 3. yy.'da Kabalist Şimon Bar-Yohai tarafından yazılmıştır. Melek Raziel ile Zohar arasında ve Zohar'dan sonra birçok Kabala kitabı yazılmıştır, fakat bunlar sadece Kabalistler arasında yayınlanmıştır ve genel halka asla açılmamıştır. Kabala, insan için en önemli tek bilimdir. Ancak bunu geçmişte saklayanlar Kabalistler idi ve bugün de buna izin verenler yine Kabalistlerdir.

Zohar Kitabı'nda, son sürgünden çıktığımız zaman - yani bizim neslimizde - "Mesih'in günleri" denilen bir konuma geleceğimiz yazılmıştır. Ancak ondan sonra Kabala'ya gerçekten ihtiyaç duymaya başlayacağız ve onu kullanacağız.

Sürgünün Sebebi

Uluslar arasından bizim sürgün olmamızın ve diğer ulusların bizim yerimize buraya yerleşmiş olmasının nedeni manevi seviyemizin İsrail Toprağı denilen manevi seviye ile uyumlu olmamasıydı. Bir başka yere ait olan tutkulara, diğer bir deyişle manevi arzular yerine dünyevi arzulara sahip iken, İsrail topraklarında yaşamak imkânsızdır.

Gezegenin her bir parçasının üzerinde benzersiz bir manevi güç etki yapar. İsrail toprağı üzerinde etki yapan manevi güç, kendi etkisiyle, İbranilerin manevi ve ahlaki seviyelerini ona uydurmalarını gerektirir. Aksi halde, o güç ile İsrail arasında bir çelişki olur, bu da acıya, savaşlara, hastalıklara ve karışıklıklara yol açar. Eğer bu çelişki belli bir noktanın ötesinde artarsa, çelişkinin etkin olduğu yeri terk etmemizi sağlar, yani bizi İsrail toprağından uzaklaştırır.

Bu yüzden, İsrail'in manevi seviyesinde bir düşüş olduğunda, her seferinde tapınak yıkılır, yani manevi çöküş beraberinde maddi realitede yaşanan ahlaki ve sosyal bir çöküş getirir.

Bugün dördüncü sürgünün sonundayız, son sürgün. Tıpkı diğer geçmiş tüm sürgünler ve dönüşler gibi, biz de şimdi bu sürgünden dönmeli ve manevi dönüşü edinmeliyiz. Manevi sürgünden çıkmalı ve manevi kurtuluşa gelmeli, manevi dünyaya geri dönmeli ve İsrail toprağının manevi seviyesine eşit olduğumuz manevi seviyeye yükselmeliyiz. Böylelikle manevi kabımız, manevi niteliklerimiz, manevi İsrail toprağınınkilerle eşleşecektir. Bütün acılar ve sorunlarımız, bizi kendimizi ıslah etmeye ve İsrail toprağında çalışan manevi güç ile eşitliğe gelmeye zorlamak amacı için meydana gelir.

Zohar böyle açıklar, Kabalistler de aynı şekilde söyler ve bizim neslimizi Kabala'nın herkese açılması gerektiği nesil olarak belirtirler. Çünkü sadece Kabala çalışması ve kendini ıslah yoluyla barış ve mutluluk içinde yaşayabiliriz. Bu yüzden Kabala her geçen gün daha yaygın hale gelmektedir.

Büyüyen Hırslar

Geçmiş nesillerde, insanlar henüz gelişmemiş, daha basit arzulara sahiplerdi. İnsanın arzuları esas olarak maddi, hayvani arzular idi. Daha yakın nesillerde ise, zenginlik, onur, güç ve bilgi için duyulan arzular yükselmeye başlar.

Gelişimin bu evreleri tarih boyunca meydana gelir, tüm uluslarda ve her bireyde görülür. Bu arzuların gerçekleşmesi teknolojik ilerlemeyi beraberinde getirir. Fakat insanlık yavaş yavaş anlayacak ki, arzularını gerçekleştirme girişimlerinin tümü, insanlığa hiçbir tatmin, mutluluk veya "hayatımızın anlamı nedir?" sorusuna bir cevap getirmeyecektir, ancak bu anlayış daha sonra gelecektir.

İnsanlık, hayatın anlamını sormaya başladığı zaman, bunu araştırmaya başlayacaktır ve o zaman, binlerce yıldır sır olarak korunmuş Kabala bilgeliğinin sırası gelecektir. Bugün,

Zohar'da yazıldığı gibi, Kabala bilgeliği ifşa oluyor ve bu manevi sürgünden dönüş, tam olarak ancak Kabala vasıtasıyla, Zohar'da gizlenmiş manevi güçler vasıtasıyla mümkün olabilecektir.

Zohar'a göre insanlık, gelişimin dört safhasından geçer. Bu safhalar İsrail halkının geçmesi gereken dört sürgüne denk gelir. Kabalanın keşfi, dördüncü sürgün biterken meydana gelecektir. Bu da 20. yy.'ın başında, ilk yerleşimciler İsrail topraklarına geldiği zaman başladı. Günümüzde, 20. yy.'ın sonunda ve 21. yy.'ın başlangıcında bu yerleşim tamamlanacak ve sürgünden fiziksel olarak dönüşümüzün sonu olacaktır. Ondan sonra, Kabalanın çalışılması manevi sürgünden de dönmek için bir gereklilik haline gelecektir.

Sadece kendimizi sorumlu tutmalıyız! Başkalarını değil, sadece kendimizi. Dünyanın bize nasıl davrandığı sadece bize bağlıdır. Diğer insanlarla ilişki kurma şeklimizle hiçbir ilgisi yoktur, sadece kendimizi manevi güçlerle karşılıklı olarak nasıl konumlandırdığımızla ilgilidir.

Açıkça görüyoruz ki, diğer halklarla dost olma girişimlerimizin tümü sadece bize yönelik saygısızlık getirir, çünkü onlar bilinçaltında bizden farklı bir şey beklemektedirler ve onlarla başka türlü dost olma girişimlerimizden dolayı bizi küçümserler.

Tüm insanlar, hatta en yüceleri bile kukla gibidirler. Hepsi yukarıdan harekete geçirilir. Yaradan, dünya uluslarını bize bu şekilde davranmaları için uyandırmıştır. Tora'da, "Papazların ve kralların kalbi Yaradan'ın elindedir," diye yazılmıştır. Bu demektir ki, herkesi idare eden başka bir güç yoktur ve düşmanlarımızın bizden nefret edişini suçlamamız için hiçbir gerekçemiz yoktur (bu demek değildir ki onları sevmek zorundayız.) Anlamalıyız ki, onların bu davranışının nedeni kendi kaderleridir ve bize davrandıkları şekilde davranmalarının nedeni de bizim içimizdedir.

Hiçbir mucize yoktur ve kişiye kendisinden başka hiçbir kimse yardım edemez. İnsanlığın var olduğu binlerce yıldır durumumuzu değiştirebilecek hiçbir mucizevî ilaç bulunmamıştır. Acının sebebi, bu dünyada kör kedi yavruları gibi yaşamamızdır. Ne yapmamız gerektiğini, yarın ne olacağımızı, eylemlerimizin ne etki yaptığını ve etrafımızdaki dünyanın bize böyle baskı yaparken bizden gerçekten ne istediğini anlamıyoruz.

Sadece evrende yani üst dünyada olan her şeyle ilişkimizi yoğunlaştırarak, geleceğimizi nasıl kontrol edeceğimizi öğreneceğiz. Maddi dünyamız aracılığıyla üst dünyayı görmeyi öğrenmeliyiz. Varlığımızın geleceğine dair nedenler üst dünyada bulunur.

Aynı ruhlar, nesilden nesle tekrar eder ve bu dünyanın bedenleriyle kılıflanır. Yavaş yavaş, binlerce yıldan sonra bu ruhlar, kendi varlıkları için üst dünyayı keşfetmelerinin gerekli olduğu bir duruma gelirler. Kabala bu amacı edinmek için kullanılan bir patenttir.

Kabala'da "Patent" Nedir?

Kabalistler, fiziksel dünyamızda Kabala kitaplarını yazarlarken, aynı zamanda manevi dünyaları hissederler. Onların yazılarını okuduğumuz zaman, bunu yazdıklarında ne hissetmiş olduklarını hissetmesek bile, Kabalistin kitabı yazdığı zaman içinde bulunduğu manevi seviyeden bir aydınlanmayı üzerimizde uyandırırız. O üst ışık, bizi arındırır ve Kabalistin yaptığı gibi üst dünyayı hissetmemize yardımcı olur.

Bu özel niteliğe "şifa" veya "erdem" denir ve özel olarak Zohar'ın, genel olarak da Kabala kitaplarının çalışılmasıyla ilgilidir. Bu kitaplarda hiçbir şey saklı değildir, ancak Kabalistlerin yazılarını okumak, kişiyi üst dünyaya bağlar ve onu yukarı çeker. Bu yüzden, bizim gibi insanlara yönelik bu kitapları çalışıyoruz. Biz hâlâ kendi dünyamız dışında hiçbir şey hissetmesek de, tüm realiteyi, tüm yaratılışı hissetme noktasına gelmek istiyoruz.

Ancak Kabalanın tüm kitapları aynı aydınlığı taşımazlar. Işığı taşıyan ana kitaplar, Zohar, ARİ'nin yazıları ve Baal HaSulam'ın yazılarıdır.

Dünyanın geleceği, Kabalanın ifşa olmuş kısmına bağlıdır ve bu herkes tarafından, tamamen yeni başlayanlar da dâhil olmak üzere, korkusuzca çalışılabilir.

Önyargı

Bugün bile birçok insan, Kabalanın dokunulmaması veya öğretilmemesi gereken gizli bir bilgelik olduğunu düşünür. Baal HaSulam, Talmud Eser Sefirot'a Giriş'te, Kabalanın iki kısımdan oluştuğunu yazar: Birincisine "Tora'nın tatları" denir. Tora'nın, hayatın ve yaratılışın anlamıdır. İkincisine de "Tora'nın sırları" denir.

"Tora'nın tatları" kısmı, dünyaların yapısı, ruhun yapısı, kişinin manevi dünyalara yükselişi, hayatın anlamını keşfedişi ile ilgilenir; geçmiş ve gelecek döngülerde kişi ne için yaşar ve neden bu özel karakterle özel bir ailede doğmuştur, bu hayatında ne yapmalıdır ve bu dünyaya tekrar dönmemek için ne yapması gerekir. Bunların hepsi Tora'nın tatlarına aittir.

"Tora'nın sırları" kısmı ise, Kabalistin üst dünyalarda ne edindiği ile ilgilenir. Bundan bahseden hiçbir kitap yoktur, fakat sadece bazı yazılar bunu ima eder ve ipucu içerir.

Bütün Kabala kitapları Tora'nın tatları ile ilgilidir. Dolayısıyla, Zohar Kitabı, Hayat Ağacı, Kabalistler tarafından yazılmış olan ve herhangi bir kitapçıda bulunan diğer tüm kitaplar öğretilebilir. Kabala kitaplarında yazılmış olan her şey Kabalanın gizlenmiş kısmı ile değil sadece ifşa olmuş kısmı ile ilgilidir. Hepimizin çalışması gereken bu kısımdır, çünkü bu kısım kişinin ıslah olmasına, kendisi dışındaki üst dünyayı edinmesine imkân verir. Burada, şimdi ve gelecekte olan her şeyin nedenini, ancak üst dünyada buluruz. Kabala, insana kendi geleceğini kendi başına, kendisine ve diğer herkese faydalı olacak şekilde nasıl belirleyeceğini öğretir.

Kişinin eylemlerine dair sonuçlar üst dünyaya yükselir. Şu anki durumumda eylemlerimin üst dünyada ne yaptığını göremem ve hissedemem. Tam olarak ne yaptığıma nasıl tepki gösterir, eylemlerimin sonucu olarak bana ve tüm dünyaya ne gelir? Kendimi ve tüm dünyayı bir şekilde etkilerim ama bu kapalı devre olan bilgiyi anlamam. Kişi, böylesi bir farkındalık seviyesi için Kabalaya ihtiyaç duyar.

Bu yüzden Kabalaya "Kabala bilgeliği" denir. Kabala, bir bilimdir din değil. Kişinin içinde yaşadığı dünyanın gerçek şeklini, tüm dünyalar dâhil olmak üzere yaratılışın tümünü görmesini sağlar. Ancak o zaman kişi kendi üzerinde neyin işlediğini ve ne şekilde davranması gerektiğini anlamaya başlar.

Bu yüzden Kabalanın ifşa olmuş kısmı ile ilgili her şeyi herkesin bilmesi zorunludur. Çok özel bir zamanda yaşıyoruz: Henüz sürgünden İsrail topraklarına kendi gücümüzle dönmedik, yani İsrail'e dönüşümüz kendi isteğimizle değil üst gücün itmesiyle oldu; Yaradan bizi kurtardı ve sürgünden buraya getirdi.

Fakat eğer İsrail toprağının manevi seviyesine yükselmezsek içsel ve dışsal düşmanlarımız tarafından gittikçe daha fazla acı çekeceğiz ki onlar sayesinde Yaradan "İsrail Toprağı" denilen manevi seviyeye bizim yükselmemizi sağlayacak.

Kabalanın Yayılması

Uzun yıllardır Kabala ile ilgileniyorum ve gözlerimin önünde gerçek bir devrim oluyor; insanoğlunun hayata bakışına dair bir devrim. İnsanlar hayattaki en önemli şeyin ne olduğunu hissediyorlar, üzerlerinde işleyen manevi güçler olduğunu hissediyorlar. Ancak bu güçlerle bir bağ kurarsak, kendimizi kurtarabileceğiz.

Bu durum her gün daha netleşiyor ve bize daha yakınlaşıyor. Bu yüzden Kabala'yı birçok yerde öğretiyoruz ve bizimle çalışmaya gelen herkes bizi mutlu ediyor. Ne de olsa, 15. yy.'ın en yüce Kabalisti ARİ, "Hayat Ağacı" kitabının girişine, Kabala çalışanlar sayesinde, insanlığın kendini içindeki kötü eğilimden kurtaracağını ve iyiliksever olan Yaradan'ın ifşasını edineceğini yazdı.

ZOHAR'A GİRİŞ, KİM SUÇLU?

Zohar'a Giriş'ten seçilmiş kısımlar, konuşma – 19 Ekim 2000

Zohar'a Giriş'te, Baal HaSulam şöyle yazar:

66) Her şeyde içsellik ve dışsallık olduğunu aklınızda tutun. Genelde dünyada, İsrail – İbrahim, İshak ve Yakup'un nesilleri – dünyanın içselliği olarak kabul edilir ve yetmiş millet ise dünyanın dışsallığı olarak kabul edilir. Ayrıca, İsrail'in kendi içinde de içsellik vardır ki bunlar Yaradan'ın gayretli çalışanlarıdır, ayrıca dışsallık vardır – Yaradan için çalışmaya kendilerini adamayanlar. Dünya ulusları arasında da içsellik vardır ki bunlar Dünya Uluslarının Erdemlileri'dir, dışsallık ise onların arasında seviyesiz ve zararlı olanlardır.

Buna ek olarak, Yaradan'ın İsrail Oğullarının arasındaki hizmetkârları arasında da içsellik vardır, bunlar Tora'nın içselliğinin ruhunu ve onun sırlarını anlamak ile ödüllendirilirler ve dışsallık ise sadece Tora'nın uygulamalı kısmını izleyenlerdir. Ayrıca, İsrail halkının her bireyinin içinde içsellik vardır – içteki İsrail – ki bu kalpteki noktadır ve dışsallık da Dünyanın iç Uluslarıdır, bedenin kendisidir. Ancak, kişinin içindeki Dünyanın iç Ulusları bile din değiştirmiş sayılır, zira içselliğe tutunarak, Dünya Ulusları arasından din değiştirenler gibi olurlar ve gelip İsrail'in tümüne tutunurlar.

67) İsrail'den bir kişi, içindeki İsrail olan içselliğini, içindeki Dünya Ulusları olan dışsallığın üzerine yükseltip yücelttiği zaman, İsrail Oğullarının dünyanın içselliğinde ve dışsallığında da yukarı doğru hızla yükselmesini sağlar. Yani kişi, ruhuna faydası olsun diye çabasının büyük kısmını içselliğini geliştirmeye ve yüceltmeye adarsa ve içindeki Dünya Uluslarını yani bedensel ihtiyaçlarını devam ettirmek için sadece gerektiği kadar, en az çabayı harcarsa, dışsallık olan Dünya Ulusları, İsrail Oğullarının değerini fark ederler ve onu tanırlar. Avot, 1'de şöyle yazılmıştır, "Tora'nızı sabit, çabanızı geçici kılın."

Ve Tanrı korusun, eğer bunun tersi olursa ve İsrail'den bir kişi, dışsallığına yani içindeki Dünya Uluslarına, içindeki İsrail'den daha çok değer verip yüceltirse, Deuteronomy 28'de yazıldığı gibi "içindeki yabancı", yani o kişinin içindeki dışsallık yükselir, hızla tırmanırsa ve sen kendin, içselliğin, içindeki İsrail dibe inerse? Bu hareketlerle, kişi genel olarak dünyanın dışsallığının - Dünya Uluslarının – hiç olmadığı kadar yükselerek İsrail'i alt etmesine, onların seviyesini yere indirmesine ve İsrail Oğullarının dünyanın içselliğinin çok derinlere inmesine neden olur.

68) Bir kişinin hareketlerinin tüm dünyayı yükseltmesine veya alçaltmasına şaşırmayın, çünkü genel ve özelin (bütünün parçası), bezelye kabuğundaki iki bezelye tanesi gibi eşit oldukları değişmez bir kanundur. Ve genele atfedilen her şey özele de atfedilir. Dahası, parçalar bütünde bulunanı oluştururlar ve ancak parçaların miktarına ve kalitesine bağlı olarak, parçalar ortaya çıktıktan sonra genel olan da ortaya çıkabilir. Sonuç olarak, bir parçanın hareketinin değeri, bütünün tamamını yükseltir veya düşürür. Bu, Zohar'da yazılanları size açıkça gösterecektir; onlar, Zohar Kitabı ve gerçeğin ilmiyle iştigal ederek, sürgünden (Tikunim, Tikun'un sonu - Sayı 6) tamamen kurtuluş ile ödüllendirilecekler. Şöyle sorabiliriz, Zohar çalışmanın İsrail'in uluslar arasından kurtuluşu ile ne ilgisi var?

69) Yukarıda yazılanlardan, Tora'nın da tüm dünya gibi içsellik ve dışsallık içerdiğini açıkça anlayabilirsiniz. Dolayısıyla, Tora çalışan kişi de bu iki dereceye sahiptir. Kişi, Tora'nın ve sırlarının içselliğindeki çabasını artırdığı ölçüde, İsrail olan dünyanın içselliğine dair erdemin, Dünya Ulusları olan dünyanın dışsallığının yukarısına hızla yükselmesini sağlar. Ve tüm uluslar İsrail'in onların üstündeki değerini bilecek ve tanıyacaktır, ta ki şu sözler gerçekleşene dek: "Ve insanlar onları alacaklar ve yerlerine getirecekler: Ve İsrail'in evi onlara Yaradan'nın topraklarında sahip olacak." (İsaiah 14,

2) "Böylece Yaradan der ki, Bakın, elimi uluslar için kaldıracağım ve halklar için standardımı oluşturacağım: Ve onlar kollarında senin oğullarını getirecekler ve senin kızların onların omuzlarında taşınacak." (İsaiah 49, 22)

Ancak, Tanrı korusun, eğer İsrail'den bir kişi, sadece uygulamalı kısımla ilgilenen Tora'nın dışsallığının avantajlarına bakarak, ruhlarımızın ve derecelerinin yönlendirilmesiyle ve Mitsvot'un algısı ve tatlarıyla ilgilenen Tora'nın içselliğine ve sırlarına dair erdemliği alçaltırsa, bunun tersi olur. Ayrıca, eğer kişi zaman zaman Tora'nın içselliğiyle meşgul olur ve sanki gereksiz bir şeymiş gibi gece ya da gündüz zamanının az bir kısmını buna adarsa, bunu yaparak İsrail Oğulları olan dünyanın içselliğini alçaltmak ve küçümsemekle kalmaz, dünyanın dışsallığını yani Dünya Uluslarını onların üzerinde yükseltmiş olur. Tanrı korusun, Dünya Ulusları İsrail Oğullarını küçültür, aşağılar ve sanki dünyanın İsrail'e ihtiyacı yokmuş gibi onları gereksiz görür.

Dahası, bununla, Dünya Uluslarının dışsallığı bile kendi içselliği üzerinde hâkimiyet kurar, zira Dünya Uluslarının içindeki en kötüler, zarar verenler ve dünyayı tahrip edenler, Dünya Uluslarının Erdemlileri olan içselliklerinin üzerine çıkarlar. Ve sonra, neslimizin tanık olduğu tüm yıkım ve çirkin kıyımları yaparlar, bu andan sonra Tanrı bizi korusun.

Dolayısıyla, görüyorsunuz ki İsrail'in kurtuluşu ve İsrail'in yükselişi, Zohar'ı ve Tora'nın içselliğini çalışmaya bağlıdır. Ve tersi olarak, İsrail Oğullarının tüm yıkımı ve düşüşü, Tora'nın içselliğini bırakmalarından dolayıdır. Tora'nın içselliğinin erdemliğini küçültmüş ve onu görünüşte gereksiz kılmışlardır.

Kişi, içindeki veya kendi halkındaki veya etrafını saran dünyadaki hangi kısımların içsel ve hangi kısımların dışsal olduğunu nasıl tanımlayabilir?

Kişinin içindeki dünya ulusları, ıslahın sonuna kadar kullanmamamız gereken nitelikler ve arzulardır (kaplardır). Ancak, "İsrail" denilen arzularla çalışabiliriz. İsrail, ihsan etme, verme arzuları tarafından tanımlanan kaplar veya niteliklerdir. "Yaradan'ı henüz ifşa etmemiş kişiler", sırf almak isteyen, egoist nitelikleri olan kaplardır. Kişinin tüm niteliklerinin ıslahından sonra, onun tüm kapları, İsrail ve Yaradan'ı henüz ifşa etmemiş kişiler birleşecekler ve kişi Yaradan'ı bütünlük içinde hissedecektir. Fakat bu durumun edinimine dek, ıslah İsrail halkının omuzlarındadır. İsrail'in bu dünyadaki temsilcisinin, diğer herkesten önce, öncelikle kendini ıslah etmesi gerekir. Ondan sonra, kendimizi ıslah ettiğimiz ölçüde dünya uluslarını da kendi ıslahlarına götüreceğiz.

İçsel nedir ve dışsal nedir?

Bu, kişinin ne yaptığına ve onun ne çalıştığına bağlıdır. Eğer kişi, arzularını her türlü haz ile tatmin etmek üzere geliştirmekle meşgul ise, o zaman ona "Yaradan'ı henüz ifşa etmemiş" denir. Eğer bu kişi, niteliklerinin Yaradan'a benzemesi için onları geliştirmeyi istiyorsa, o zaman ona "İbrani" veya "İsrail" denir; Yaşar (direkt, doğru) El (Tanrıya) kelimelerinden gelir, Tanrıya doğru demektir.

Kişi, sadece kendisi için haz alma arzusuyla doğar, ancak bunun tersine, yani Yaradan'ın sahip olduğu aynı niteliklere sahip olma arzusuna gelmelidir. Kendi doğal arzusunun tamamen zıttı olan bu arzuyu, hiçbir şeyden değil zıt bir arzudan inşa ediyoruz. Bu arzu, doğuştan sahip olduğumuz ilk egoist arzunun üzerinde gelişir.

Kişinin içindeki doğal arzu, yani kendini tatmin etme arzusu, amacı edinmek için, amacı tam da kendi başına edinmek ve onu edinmede aktif bir katılımcı olmak için gerekli bir temeldir ve muhtemelen de en yararlı olandır. Almaya devam edersiniz fakat bu başka bir anlamla olur, yani sadece verene haz verme koşuluyla alırsınız. "Son ıslah" denilen eşitlik sürecinin sonunda, ruh – kap, yani sonsuzluğun (Eyn Sof'un) Malhut'u, sadece Yaradan'a bağlanmak ister ve böylece Yaradan'ın ihsan etme niteliğiyle eşitlenir.

Bu yüzden, ihsan etme arzusunu, üst ışık için gerçek kabı ve Yaradan'ın niteliğine benzeme ihtiyacını oluşturan tüm durumlardan geçmek zorundayız. Bu, tüm yaratılanları Yaradan'a benzemesi için ıslah durumuna getirmek üzere bir kolektif yasadır. Bu yasa, herkese ve cansız, bitkisel, hayvansal ve konuşan (insan) olmak üzere tüm seviyelere hükmeder.

Yaratılan, ne kadar fazla gelişmiş ise, Yaradan'a benzemesi için onu zorlayan kuvveti daha güçlü bir şekilde hisseder. Bu yüzden tüm yaratılış içinde, insan en fazla acıyı çeker. İnsanların değişik seviyeleri arasında, İsrail diğer herkesten daha fazla ıstırap çeker. İsrail'in içinde ise, en içteki içsel seviyede olanlar acı çeker. Çünkü ışık, yani bizi kendine çeken yaşam gücü, yaratılışın en içteki noktasından, yasanın özüne en yakın olan arzulardan, verme ve ihsan etme niteliklerinden yayılmaya başlar. Ondan sonra, ışığın merkezden uzaklaşmasıyla birlikte, ışık dışsal katmanlara doğru azalır.

Islah eden ışık, merkezden ışık verir. Kap da kendi durumuna bağlı olarak bu ışığa cevap verir. Islahın gönüllü olarak gerçekleştirilmesi, kişinin "Tora'nın yolu"nu seçtiğine dair bir işarettir. Eğer ıslah, Yaradan'ın veya yaratılanın arzusu ile değil de kişinin isteği dışında gerçekleşirse, acılar azalmak yerine artar ve birikir. Bundan dolayı, kişi içindeki kötü eğilime ve ıstırabın kaynağına karşı nefret hisseder.

İnsan, sadece "haz alma arzusu" olduğu için, onu etkileyecek tek yol "acı çekme" dediğimiz eksikliği, yani egoizm içindeki "arzulanan" yokluğunu hissettirmektir.

Neden daha fazla ıslah olmuş içsel kap, dıştaki kaptan daha az egoist bir kap olmasına rağmen daha fazla acı hisseder?

Bunun sebebi, içsel kabın ıslaha daha yakın olması ve dışsal kabın ıslahtan daha uzak olmasıdır. Fakat ne olursa olsun, hem içsel hem dışsal kaplar henüz ıslah olmamıştır. İçsel kap olan "İsrail", daha küçük bir egoya sahiptir, bu yüzden İsrail küçük bir ulustur.

Yaradan'ı henüz ifşa etmemiş olanların kapları, İsrail'inkilerden çok daha büyüktür, fakat buna rağmen, diğer insanlar İsrail'e göre daha az arzu hissederler çünkü onların kabı henüz tam olarak açılmamıştır. Kap, sadece ıslah olabileceği ölçüde belirir. Fakat onların arzuları uyandığı zaman, anında İsrail'den nefret etmeye başlarlar. İsrail ile asla teması olmamış insanlar bile, onlarla hiçbir şey yapmamış olsalar dahi, İbranilerden nefret etmeye başlarlar. Çünkü İsrail'i ıslah olmaya zorlayacak olanlar Yaradan'ı henüz ifşa etmeyen kişilerdir. Ancak dünyada İsrail'in seviyesi ıslah olduktan sonra, diğer uluslar da ıslah ile ilgilenebilecek ve böylece kolektif ıslahı getireceklerdir.

İsrail ile dünya ulusları arasındaki eşsiz bağın doğası budur. İsrail ulusu dikkatli olmalıdır, çünkü onlar gerekli ıslahı gerçekleştirmediği takdirde, dünya uluslarının onu yıkmak için isteği daha da artar. Eğer İsrail gibi bir kap, dünya uluslarının kaplarını dolduramazsa ki aslında İsrail'in görevi budur, İsrail'e gerek olmaz.

Bu yüzden Baal HaSulam, kendilerine verilmiş bu görevi yerine getirmeleri ve acele etmeleri için İsrail halkını uyarır. Bu sadece Kabala bilgeliği sayesinde gerçekleştirilebilir, çünkü Kabala, kolektif ıslah için olan bir metottur ve ondan başka bir metot yoktur.

Islah, en az egoist olan, daha ince ruhlardan başlar. İsrail olan bu ruhlar, daha hızlı ıslah edilebilirler. Islah, sadece kişinin bireysel görevidir, kendi bireysel ruhudur ve başka hiçbir kimse buna dâhil değildir. Kişi, bu dünyaya sırf bu amaç için gelir ve ilgilenmesi gereken tek şey budur. Bu yüzden doğmuştur, yaratılmıştır ve bunun dışında yaptığı her şey, hiçbir şey sayılır.

Eğer İsrail halkı ıslah ile ilgilenirse, diğer ulusların ona karşı olan nefreti artar mı yoksa azalır mı?

Eğer İsrail'den olan herkes, kendi içsel düşmanlarıyla yüzleşirse dışsal düşmanlar yok olur, çünkü içeride gerçekleşen dışarıda gerçekleşeni belirler.

Dışsallık tamamen içselliğe bağlıdır, tıpkı daha düşük bir seviyenin daha yüksek bir seviyeye bağlı olması gibi. Bir üst seviye, daha düşük seviyeyi doğurur ve onun yaşamını sağlar. Bu şekilde, dünya uluslarının davranışı da bizim davranışımıza bağlıdır.

İçinizdeki ruhu değiştirin ve realitenin nasıl değişmeye başladığını göreceksiniz. Gelecek olayları bu şekilde belirleyebilirsiniz.

Kabalistler dünyayı en iyi ıslah yoluna getirmek için hangi ihsan etme gücünü harekete geçirmelidir?

Cansız seviye, kolektifi takip etmelidir, yani genel olarak halkın neyi kaldırabileceğini dikkate almalıdır. Bu, ondan beklenenlerin seviyesini ve ne kadar etkilenebileceğinin sınırlarını belirleyecektir. Halkın kendi doğal sınırları vardır, çünkü halk kendi başına emirleri ve gelenekleri takip eder.

Fakat maneviyatta, kişi bireyi takip etmelidir. Manevi gelişimde, birey kendi ruhu aracılığıyla neyi, nasıl yapacağına karar verir. Yaradan ile kendi arasındaki bağı ve hayatla nasıl ilişki kuracağını belirler. Dünyanın durumunu bir parça daha değiştirmek, daha fazla yağmura, barışa ve mutluluğa sahip olmak için değil, her şeyi son ıslaha doğru götürmek üzere manevi amaca yönelik hareket etmek için kendimizi uyandırmak zorundayız.

Hepimiz oraya, ruhumuzun köküne bağlı olarak, kendi başımıza mı gitmeliyiz yoksa herkesin bu konuya ilgisini uyandırmalı mıyız?

Baal HaSulam'ın yazılarından öğrendiğimize göre kitleler buna ortak olmalıdır. Kolektif bir ıslah sürecinden, bu ıslahın parçası olacak çok sayıda ruhtan bahseder. Yaradan'ın, iki yüz yıl önce, İsrail halkını laik ve dindar olmak üzere ikiye ayırması bir şans eseri değildir. Dindar kısım, Tora'yı ve Mitsvot'u (emirleri) eğitime dayalı olarak takip etmeyi sürdürür. Laik kısım ise, bu durumdan özgür hale gelmiştir. Her iki kısmın da kendi amacı vardır, çünkü her şey yukarıdan, Yaradan'dan gelir. Bu iki kısım birlikte çalışmalıdır. Eğer laik kısmın yanında gelenekçi kısım olmasaydı, laik kısımdan geriye hiçbir şey kalmazdı. Ancak, eğer sadece gelenekçi düşünce çizgisinde çalışmaya devam etmiş olsaydık, muhtemelen yaratılışın amacını edinmeyi başaramayacaktık.

Aslında, herhangi bir Ortodoks eğitim almamış olanların Kabala aracılığı ile ıslaha uygun olduğunu görüyoruz, çünkü sadece onlar eksikliği hissediyorlar ve dolayısıyla "Tora'nın edinimine" layıklar. Bu nedenle onlar herkesi ileriye, ıslaha doğru yönlendirecekler. Gelenekçi kısım ise, muhtemelen "kutsal cansız seviye" denen seviyede, hareketsiz olarak kalacak.

İsrail ıslah sürecinde daha ilerledikçe, rahatsızlıklar artacak mı; gerçi bunlar rahatsızlık değil, aslında engeller şeklinde gelen yardım mıdır?

Yükselişler ve düşüşler, sadece bireylerde, sadece kendi ıslah süreçlerinden geçen ruhlarda meydana gelir. Yaradan'la olan bağ özeldir. İnsanın özgür seçimi sadece grup seçiminde olsa da, her kişinin kendi seçimi vardır ve seçtiği gruptan yaşamdaki yolunu alır.

Islah olmuş ruhlar, genellikle diğer ruhları, yani arzuları ıslah olmayanları beraberlerinde alırlar, ancak bunu sadece bir kolektif ıslah sağlayabildikleri ölçüde yapabilirler. Buna, "uluslar için bir ışık" denir. İsrail, Yaradan'ı henüz ifşa etmemiş olanları beraberinde alır ve "dâhil etme" (Hitkalelut) denilen bir bağ sayesinde onlarla birlikte yükselir.

Her koşulda, bireyin manevi gelişimi bütününkinden farklıdır. Bireyin ıslahı, kişisel yükseliş ve düşüşlerle gerçekleşir, bütünün ıslahı ise bireylerin birleşmesiyle gerçekleşir. Dünya ulusları, kendi gelişimlerindeki eksikliği ve İsrail'e bağımlı olduklarını hissederler, fakat sadece ilk ıslahları İsrail'e bağlıdır, çünkü daha sonra gelecek olan ıslahlar sadece kendilerine bağlıdır.

Zohar'a Giriş'ten:

70) Zohar'ın Tikunim'inde (ıslahlar) (Tikun 30) bu yazar: "Uyanın ve Tanrısal Kutsallık için yükselin, zira o içinizde olmasına rağmen onu bilmenin ve edinmenin anlayışının bulunmadığı, boş bir kalbe sahipsiniz." Bunun anlamı şöyle yazılmıştır (İsaiah 40), İsrail'in her bir kişisinin kalbinde, yakarmak ve Tanrısal Kutsallığı yükseltmek adına dua etmek için bir ses küt küt atar ki bu, İsrail'in tüm ruhlarının bir araya gelmesidir. Ancak Kutsallık şöyle der, "Kendimi yerden kaldıracak gücüm yok, zira 'hayat saman gibidir', onlar sanki saman ve ot yiyen hayvanlar gibidir." Bu, onların Mitsvot'u akılsızca, hayvanlar gibi uyguladıkları anlamına gelir."Ve bu nedenle tüm fazilet topraktaki çiçek gibidir, yaptıkları tüm iyi işler kendileri içindir."

Bu, Mitsvot'u uygularken, bunu Yaratıcılarına mutluluk verme niyetiyle yapmadıkları anlamına gelir. Tersine, Mitsvot'u sadece kendilerine fayda sağlamak amacıyla uygularlar ve aralarından tüm zamanlarını Tora ile iştigal etmeye adayan en iyileri bile, bunu arzulanan amaçtan – Yaratıcılarına mutluluk vermekten – yoksun olarak, sadece kendi bedenlerinin iyiliği için yaparlar.

O dönemin nesliyle ilgili şöyle denir: "Ruh ayrılır ve dünyaya dönmeyecektir", yani "zira yeryüzü Tanrı'dan haberdar olacaktır" sözlerini yerine getirmek için, tam ıslaha dek İsrail'i tüm sorunlarından koruması gereken Mesih'in ruhundan bahsetmektedir. O ruh gitti ve dünyayı aydınlatmıyor.

Mesih'in ruhunun bu dünyadan ayrılmasına ve dönememesine neden olanlar için üzülün. Onlar, hiçbir anlayış ve mantık damlası olmaksızın Tora'yı kurutanlardır. Onlar, kendilerini Tora'nın fiziksel (uygulamalı) kısmına hapsetmişlerdir ve Kabala ilmini anlamayı, Tora'nın sırlarını ve Mitsva'nın tadını öğrenmeyi ve anlamayı denemeyi arzulamazlar. Onlar adına üzülün, zira bu aksiyonlarla onlar dünyaya yoksulluk, yıkım, hırsızlık, öldürme ve karışıklık getiriyorlar.

71) Daha önce açıkladığımız gibi, onların sözlerinin nedeni şudur: Tora ile ilgilenenler, kendi içselliklerini ve Tora'nın içselliğini küçülterek sanki dünyada gereksiz bir şeymiş gibi bırakırlarsa ve duvarı arayan kör gibi sadece ne gece ne gündüz olan, az bir zaman ayırırlarsa, bu şekilde kendi dışsallıklarını, kendi bedenlerinin iyiliğini güçlendirirler. Ayrıca, Tora'nın dışsallığını içselliğinden daha yukarıda sayarlar. Ve bu aksiyonlarla her biri, kendi özüne göre, dünyadaki tüm dışsallık formlarının, dünyanın tüm içsel kısımlarına üstün gelmesine neden olurlar.

Böyle olmasının nedeni, İsrail'in tümündeki dışsallığın, yani içlerindeki Dünya Uluslarının, İsrail'in tümündeki içselliği, yani Tora'da iyi olanları yok etmesi ve hükümsüz kılmasıdır. Ayrıca, Dünya Uluslarındaki dışsallık – aralarındaki bozguncular – güçlenerek, Dünya Uluslarının Erdemlileri olan içselliği aralarında yok ederler.

Böyle bir nesilde, Dünya Uluslarının aralarındaki tüm bozguncular, kafalarını yükseltip, öncelikle İsrail Oğullarını yok etmek ve öldürmek isterler, şöyle yazıldığı gibi (Yevamot 63), "Tüm musibet dünyaya sadece İsrail için gelir." Bu, yukarıdaki ıslahlarda yazıldığı gibi, onların tüm dünyada yoksulluk, yıkım, hırsızlık, cinayet ve karışıklığa neden olduğu anlamına gelir.

Ve pek çok yanlıştan geçerek, yukarıda Tikunim'de bahsedilen her şeye tanıklık ettik ve dahası, bu yargı en iyilerimizi vurdu, bilgelerimizin dediği gibi (Baba Kama 60), "Ve önce erdemlilerle başlar." Ve İsrail'in Polonya ve Litvanya ülkelerindeki görkeminden geriye, kutsal topraklarımızda sadece kalıntı hatıralar kalmıştır. Şimdi bu büyük yanlışı düzeltmek bize, bu kalıntı hatıralara bağlıdır. Kalanlarımızın her biri, kendisi, kalbi ve ruhu ile bundan böyle Tora'nın içselliğini güçlendirmeyi ve onu Tora'nın dışsallığı üzerindeki üstünlüğüne göre doğru yerine koymayı üstlenmelidir.

Ve sonra, her birimiz, kendi içselliğimizi yani içimizdeki İsrail'i, ruhun ihtiyaçlarını, kendi dışsallığımızın üzerinde yani bizimle olan Dünya Uluslarının, bedenin ihtiyaçlarının üzerinde güçlendirmekle ödüllendirileceğiz. Bu güç tüm İsrail'e gelecek, ta ki içimizdeki tüm Dünya Ulusları İsrail'in yüce bilgelerinin erdemliğini tanıyıp, kabullenip, onları dinleyerek itaat edene dek.

Ayrıca, Dünya Uluslarının içselliği, Dünya Uluslarının Erdemlileri, bozguncular olan dışsallıklarını yenecek ve onlara galip gelecek. Ve İsrail olan dünyanın içselliği de, uluslar olan dünyanın dışsallığı üzerinde tüm değer ve erdemliğiyle yükselecek. Sonra, dünyanın tüm ulusları İsrail'in kendi üzerlerindeki yüceliğini tanıyıp kabul edecekler.

Ve sonra şu sözleri izleyecekler (İsaiah 14, 2), "Ve insanlar onları alacaklar ve yerlerine getirecekler: Ve İsrail halkı onlara Tanrı'nın topraklarında sahip olacak." Ve ayrıca şöyle yazılmıştır (İsaiah 49, 22), "Ve onlar kollarında senin oğullarını getirecekler ve senin kızların onların omuzlarında taşınacak." Zohar'da (Nasoh, sayfa 124b) yazılan budur; "bu derleme vasıtasıyla", ki bu Zohar Kitabı'dır, "sürgünden merhametle kurtarılacaklar" (egoist alma arzularından kurtarılacaklar.) Böyle olması için dua edelim.

En önemli soru, kişinin niçin çalıştığıdır. Kabalayı, şans için, rahatlama için, barış ve güven kazanmak için çalışabilirsiniz ya da durumu düzeltmeniz, 'kaplarınızı' ıslah etmeniz gerektiğini hissettiğiniz için çalışabilirsiniz. Bu yaklaşımda muazzam bir fark vardır. Bu noktada, kişi tek başına yürüyemez, aksine manevi rehberliğe gereksinim duyar.

Baal HaSulam, herkesin Musa'nın seviyesini edinmesi gerektiğini yazar. Herkes kendi ruhunun köküne dönmelidir. Bu herkes için gerekliliktir. Bugün, toplumumuzu aktif olarak ıslah etmemizin gerektiği bir duruma geldik. Bizim neslimizden önce, sadece birkaç seçilmiş ruh ıslahı edindi. Onlar gizli Kabalistlerdi ve ıslah, bütün insanlar ve dünyanın bütün ulusları için bir gereklilik değildi.

Baal HaSulam, İsrail halkı İsrail toprağına dönmeden önce, İsrail ulusunun toprakla eşitlik sağlamak için hiçbir yükümlülüğü olmadığını yazar. Bu yükümlülük, tüm ulusun "İsrail Toprağı" denilen manevi seviyeyi edinmek üzere kendini ıslah etmesini sağlar. "Toprak" kelimesi (İbranicede

Erets) "arzu" kelimesinden (İbranicede Ratson) gelir; Tanrıya doğru direkt bir arzu.

Ancak, Yaradan bizi bir kere bu toprağa geri getirdiğine göre, isteyerek veya istemeyerek, bütün ulus olarak bu toprağın manevi nitelikleri ile kendimizi eşitlemeliyiz. Fiziksel olarak İsrail toprağındayken, aynı zamanda içsel seviyeyi, yani manevi İsrail Toprağını da edinmeliyiz. Aksi takdirde, içsel ve dışsal seviyeler dengesiz olduğu için, burada bulunmaya hiç hakkımız yoktur.

Birden fazla olmak üzere bu durumun içinde bulunduk. Her defasında İsrail halkı manevi İsrail ulusuyla, yani direkt olarak İsrail Toprağından yaşayan halkla, yani Tanrı için duyulan direkt arzuyla eşitlenmeyi durdurduğu zaman toprağımızdan sürüldük. Şimdi tekrar geri döndük, İsrail toprağı bize tekrar verildi, ancak yine de onu almadık, hâlâ ona layık değiliz.

Baal HaSulam'ın yazdığı gibi, eğer onu isteyerek kabul etmezsek, yani eğer içsel – manevi seviyelerimizde ona benzemezsek, bu toprak daha önceki gibi bizi sürmeyecek olsa da, bizi ıslah olmaya ve korkunç ıstıraplardan geçerek ona layık olmaya zorlayacak.

Günümüzde Kabalistlerin görevi, ulus içindeki ıslahın gerekliliğini mümkün olan her yolla yaymaya çalışmak, herkes için uygun olan bir metot yaratmak, kitaplar yayınlamak ve öğretmenleri hazırlamaktır. Yapılacak çok şey var, fakat ıslah hakkında tek bir düşünce bile, bu düşüncenin başlangıcı bile bu toprakta büyük pozitif değişiklikler yaratır ve büyük acıları önler.

www.ingramcontent.com/pod-product-compliance
Lightning Source LLC
Chambersburg PA
CBHW071453080526
44587CB00014B/2086